高能文案
写作课

刘 帅◎著

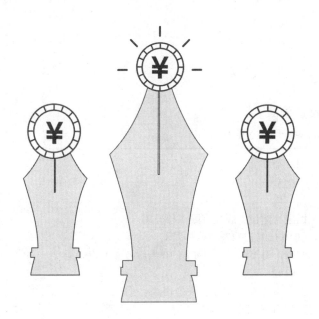

民主与建设出版社

·北京·

© 民主与建设出版社，2022

图书在版编目（CIP）数据

高能文案写作课 / 刘帅著 .－－北京：民主与建设
出版社，2022.8

ISBN 978-7-5139-3951-5

Ⅰ．①高… Ⅱ．①刘… Ⅲ．①营销策划–文书–写作
Ⅳ．① F713.50

中国版本图书馆 CIP 数据核字（2022）第 159996 号

高能文案写作课
GAONENG WEN'AN XIEZUOKE

著　者	刘帅
责任编辑	廖晓莹
封面设计	仙境
出版发行	民主与建设出版社有限责任公司
电　话	（010）59417747　59419778
社　址	北京市海淀区西三环中路 10 号望海楼 E 座 7 层
邮　编	100142
印　刷	三河市金泰源印务有限公司
版　次	2022 年 8 月第 1 版
印　次	2022 年 10 月第 1 次印刷
开　本	710 毫米 ×1000 毫米　1/16
印　张	13
字　数	170 千字
书　号	ISBN 978-7-5139-3951-5
定　价	49.80 元

注：如有印、装质量问题，请与出版社联系。

序　言

随着互联网不断深入我们的生活，营销不仅依靠产品，更依赖于品牌。在商业领域，能够体现品牌魅力的利器，非文案莫属。

如果将营销比作别墅，那么文案就是它的门面。消费者是否进入别墅，取决于文案这个门面的装潢。只有这扇门足够华丽，吊人胃口，消费者才愿意进门一探究竟。文案传递的产品信息、品牌情怀等内容，直接影响着消费者是否购买产品。

绝大多数消费者在购买产品时，最先接触的往往是文案，这是消费者直观地了解产品的第一步。如果消费者能够在文案中看到关于产品制作精良、质量有保证的描述，那么我们就成功地抓住了消费者的需求。反之，一则糟糕的文案不仅会将产品埋没在浩瀚的市场中，甚至会影响品牌的生命力。

做营销必须要认真对待文案。只有文案写得好，它才会变成企业吸金的利器。一则好文案不是胡乱拼凑出来的，而是有章可循的。怎样才能写出一则出彩的文案呢？

"知己知彼，百战不殆。"要想写好文案，就要先了解文案。本书第一章从文案的前世今生说起，追本溯源，讲述文案的产生和发展历史，阐述文案的作用和用途。

第二章在了解文案的基础上，详细介绍了写好文案的基本原则。"无规矩不成方圆"，只有掌握了文案的写作原则，才可以把握文案的写作方向，才能知道什么样的表达可以赢得消费者的心。

文案就是用文字和消费者打交道，最终目的是通过沟通，让消费者心甘情愿地购买企业的产品。要想达到这个目的，文案不但要有吸引力，要有温度，还要有说服力及带货力。本书第三章到第六章，针对这四项文案写作要求，向消费者一一介绍了文案写作的方法。

第一，写出有吸引力的文案。要想让文案有吸引力，就要找到一个可以通往消费者内心的切入点，知道消费者对什么话题感兴趣。这样的文案才能吸引消费者去购买产品。第三章着重介绍了标题的写作方法和常见的几种标题写作格式。在这一部分，文案的标题是关键点，只有标题足够吸引人，消费者才会选择继续阅读我们的文案。

第二，写有温度的文案。人类是感性动物。很多时候，人类的消费行为都是基于情感而做出的决定。第四章从消费者的感性角度出发，从各个方面阐述打动消费者的方法。有时候文案营销的成败只在于一张"感情牌"，因此，用情打动消费者不失为取胜的一个好办法。

第三，写有说服力的文案。当我们用情打动消费者后，就可以成功地让消费者为产品掏腰包了吗？当然不是。消费者在想到自己即将付出金钱成本时，往往会从感性中走出来，从理性角度去分析产品到底值不值得买。因此，在第五章为大家介绍了一套具有说服力的文案写作技巧。

第四，写有带货力的文案。很多人总是纳闷，明明自己的文案成功打动了消费者，并且消费者也信服产品，为什么到最后总是不下单呢？这是因为消费者往往在最后关头会想，花这笔钱到底值不值得。这时我们要做的就是让消费者觉得这笔钱花得很值，如果不花才是他们的最大损失。这样一来，消费者的心才会成功地被我们俘获。第六章就是介绍如何写有带货力的文案，给消费者最后一击，让他们在读完文案后快速下单。

此外，在第二章到第六章中，还汇集了耐克、江小白等畅销品牌的文案，从专业角度解析这些优秀文案，从而让大家可以从中汲取文案写作灵感，提高写作技巧。

第七章讲述了撰写文案的几个实用工具。这些工具不但可以帮助大家更好更快地写出优秀文案，还为大家提供了多种平台，可以有效地帮助大家用文案成功地推销产品。

"干一行精一行。"许多人都梦想成为一名优秀的文案专家。熟悉掌握文案写作的常用技巧，能让我们的文案变得更有价值，从而在营销界崭露头角。本书最末一章就介绍了如何才能成为一名优秀的文案专家。

阅读本书虽然无法确保你摘取著名广告大奖的桂冠，或是成为像大卫·奥格威那样的广告大师，但是本书会让你明白文案的真正意义，看清文案的真正本质，从而可以运用各种写作技巧写出能够打动消费者的心灵、具有超强带货力的好文案。

相对于那些文案大师来说，文案初学者不免会有一些青涩和不成熟之处。希望文案初学者可以通过阅读本书，掌握文案写作的相关知识，提升文案的写作水平。

书中难免存在错谬之处，敬请批评指正！

目 录

第一章 从0到1：你对文案了解多少

文案的前世今生

当我们饿了，就会想起："小饿小困来点儿香飘飘。"当我们想要旅游，就会想起："携程在手，说走就走。"当我们遇到不懂的问题，就会想"百度一下"……在信息爆炸时代，文案成了人们选择商品时的重要因素。

文案是广告文案的简称，是广告的一种表现形式，也是一种职业称呼。"广告文案"一词来源于英文"advertising copy"。文案通过文字来展现创意策略，从而让消费者为之动容，甚至打开消费者的钱包，让消费者甘愿倾囊购买。文案属于一种销售技巧和策略。

想要了解文案，首先要从文案的前世今生说起。在印刷术发明以前，人们都是通过叫卖来销售商品。这种广告叫作"口头广告"，是世界上最原始的广告形式之一。很多人觉得这种叫卖式广告效果甚微。的确，叫卖也就是在大街上吆喝。这看起来人人都会的事情，其中却暗藏着许多技巧。口头广告，喊得好不好，直接关系到商家的销量。

比如同样是卖雪花落，但两家的叫卖完全不一样。

第一家：雪花落哎，好吃不贵，赶紧来尝尝哎。

第二家：给得多，盛得多，又凉又甜又好喝！

显然，第二家的叫卖更吸引人。第二家的叫卖是从客户角度出发，叫卖凸显雪花落的特点，同时还运用多种修辞方式，听起来朗朗上口，很容易让人记住。这家的生意当然就会更好。这就是文案的魅力。

后来随着社会发展，人们渐渐开始采用"手写广告"的形式。在人类历史上，最早的手写文案是公元前 3000 年一名织布匠手写的悬赏缉拿逃奴的广告。

口头文案和手写文案只是古人为了销售商品、寻找消费者的一种宣传方式，它们并不是真正意义上的文案。印刷术发明之后，文案才有了规范的结构。当时人们发布的文案包括标题、正文、随文等几个部分，并且出现了文案排版。

唐代时期《陀罗尼经》上面印有"成都府成都县口龙池坊卞家纸马铺发售"字样，这就是世界上最早的印刷文案。

北宋时期最早的文案是一家针铺发布的。这则文案除了标题、正文、地址等几部分外，还绘有白兔抱杵捣药的商标。

标题：济南刘家功夫针铺

地址：认门前白兔儿为记

文案正文：收买上等钢条，造功夫细针，不误宅院使用；客转为贩，别有加饶，请记白。

17 世纪初期，报纸的出现为文案的发展奠定了基础。

1625 年 2 月 1 日，英国的《新闻周报》上，由乔治·马塞林撰写的新书介绍是世界上第一则报纸文案。

1666 年，英国的《伦敦报》首次开辟了广告专栏。从此，文案进入飞速发展时期，涌现出一批职业广告撰稿人，如美国的约翰·鲍尔斯、约翰·肯尼迪和克劳德·霍普金斯等。

中国的报纸文案起源于鸦片战争之后。当时外国人在中国创办了很多报纸，并且为推销外国商品刊登了很多广告。我国的报刊广告最早刊发在 1862年创办的《上海新报》。当时的广告被称为"告白"，直到 1906 年清政府发布了《政府官报章程》，人们才开始使用"广告"这个词。

20 世纪初，报纸广告数量骤增。一张小小的报纸已经满足不了人们对产品信息的需求。于是，我国的报社广告代理部门出现了专业的文案撰稿人。后来，杂志也成了文案的载体。1904 年出版的《东方杂志》中就出现了很多国内和国外的文案。

20 世纪 80 年代，人们在简单的商品介绍基础上，更加追求"视觉至上"。美国著名文案撰稿人乔治·路易斯意识到这一点，于是把文案的文字视觉化，成功地迎合了人们的视觉追求。

比如，美国一个叫宝琳·崔姬的女装设计师，偶然得罪了当时很有影响力的某时尚刊物总裁约翰·飞捷，因此无处展现自己的才华。于是乔治·路易斯为崔姬设计了一个文案，成功挽回了崔姬落魄的局面。

亲爱的约翰：

经过这么多年，我还收藏着我们过去美好的回忆，我们之间是否真的完了？你既不打电话，也不写信给我，但我仍然爱你。

宝琳上

（宝琳·崔姬给约翰·飞捷的一封信）

这个文案别出心裁，利用女性柔弱、幽怨的语气，成功地让人们在心理上偏向了崔姬。这封信虽然很短，却针针见血。不管谁读了这封信，都能在字里行间瞧见崔姬那楚楚可怜的模样，进而情不自禁地被崔姬打动。

21 世纪以后，全球经济和金融进入一个飞速发展的时代，文案逐渐走向时尚前沿，与互联网碰撞出不一样的色彩。文案不仅仅是让人心动的文字，还有生动直观的图像与之搭配。文案成了企业的"代言人"——它可以"站"出来和消费者对话。越来越人性化的文案能够给消费者带来一种全新的体验。

比如：

自律给我自由。（应用软件 Keep 文案）

与世界分享你的知识、经验和见解。（知乎网站文案）

唯一的不同，是处处不同。（iPhone 6s 手机文案）

平时注入一滴水，难时拥有太平洋。（太平洋保险公司文案）

文案的前世今生其实只有一个身份，就是企业的"代言人"。企业销售一种商品首先要吸引消费者，而文案就是企业的门面担当。一段好的文案往往能在一瞬间打动人心，让消费者乖乖地打开钱包买单。

"一句文案救活一个品牌"，许多人都觉得这很夸张，但很多企业或品牌就是用文案让自己名声大噪，如特步、德芙、杜蕾斯等。当我们看到这些品牌时，总能脱口说出它们的文案，这就是文案带来的神奇力量。

只有适合消费者的才是最好的文案。随着时间的推移，消费者对文案的要求只会越来越高，这就要求文案撰稿人必须快马加鞭跟上时代前行的步伐。一旦企业的文案落伍了，那么这家企业就有可能在时代浪潮中被淘汰出局。

新媒体时代的文案

在传统媒体时代，广告主发布的广告只能通过报纸、电视、广播等媒体传播。消费者在传统媒体广告中只是被动接受者，只有广告主和媒体中介才有权控制广告的信息。随着信息技术的发展，广告在新媒体时代下经历了翻天覆地的变化。

人们接受广告的途径不再局限于报纸、电视等媒体传播平台。在手机、平板电脑等移动媒体上广告也随处可见。人们对广告逐渐拥有了选择权和话语权，对自己认同的广告可以一键转发，对自己讨厌的广告也可以将其屏蔽，甚至可以在网上发表自己对广告的评价。

新媒体时代，大众接收广告的媒体平台越来越多样化，对广告的要求也越来越高。新媒体时代的文案创作难度随之增大，文案创意越来越成为人们关注的焦点。广告文案能否吸引人们驻足的关键就在于是否有创意，是否可以打动人心。

新媒体时代的文案，具有以下四个特点。

1. 遵循四大原则

文案创意有四个基本原则：理解原则、印象原则、实效原则、首创性原则。

首先，一个文案最重要的是能让人看懂，如果超过了人们的理解范围，人们就会很快放弃。

其次，好的文案创意能给人们留下美好印象，可以让人们过目不忘。

再次，人们虽然容易为文案中饱含的情感所打动，但是购买商品前仍然会理性地思考商品的实用性，所以文案还要注重介绍商品的实际功效。

最后，一个让人念念不忘的文案，必定有其新颖性和创新性。比如奶茶这类商品的文案多数是从口味、工艺等角度出发来介绍商品特点，但是香飘飘奶茶别出心裁，用香飘飘奶茶"可绕地球两圈"来突出销量之多。事实上，对于消费者而言，卖出去的奶茶是否真的可以绕地球两圈其实并不重要，而最终让人们记住香飘飘这个品牌，才是这则文案最成功之处。

2. 注重与新媒体的融合

新媒体时代下，文案的展现途径越来越多样化。文案在不同媒体中的传播方式也各有不同。

第一，文案越来越趋向微型化。

随着经济的发展，人们的生活节奏越来越快。手机、电脑的出现本来就是为了让人们的生活更加方便快捷，所以在这些平台上传播的广告一般都短小精悍、一语中的，太多的修饰只会引起人们的反感。比如微博广告营销逐渐成为一种流行。人们在等车、坐公交、饭后等比较零散的时间里很喜欢刷微博，看段子。微博上的文案一般比较简短，很多广告主就是利用微博的"微"特性，一再提炼最精简的广告，从而达到"四两拨千斤"的效果。

第二，文案具有选择性。

传统媒体中的广告具有强制传播性，人们不能控制广告传播的时间。比如看电视时，一旦进入广告就必须等到它播放完才能继续观看，时间一长就失去了对广告内容的兴趣。

新媒体时代下，电视具备人机互动模式，人们具有观看广告的选择权，比如，会员可以去除广告。传统的广告再无法强制人们观看。因此，新媒体时代下电视广告要想抓住人心，就必须把文案做得更加贴合消费者的需求。

3. 强调与消费者的互动性

新媒体时代下，消费者更注重商品的实际体验。比如在淘宝上买东西，很多人就会把买家评价作为选择的重点。文案要想获得成效，就要加强与消费者互动，通过具体的使用场景，让人们真切地感受到商品的性能和效用，人们才会更愿意购买。这种互动文案，比起传统文案更具真实感，无形之中也拉近了商品与消费者之间的距离。

4. 树立正确的价值观

任何新媒体文案最需要注重的就是文案必须建立在正确的价值观之上。任何虚假、夸大其词的文案不仅会遭到人们的道德谴责，还会受到严格的法律管制，所以新媒体文案必须确保与社会主流价值观的一致性。

一个拥有良好价值观的文案更能获得人们的青睐，而且还会促使人们主动转发这种"正能量"广告，无形中将广告信息传播到各地，从而引起社会的广泛关注。

比如下面这则关于节水的公益广告：

水，是我们地球母亲的血液！保护环境，节约用水，是我们每一个人的职责！

伴随着人类环保意识的加强，人们愈发关注地球资源的可持续发展问题。这则广告中的节能话题所彰显的价值观显而易见，因而获得了很好的传播效果。

5.注重以"情"动人

新媒体时代下，文案更注重文字情怀。一个文案"吸粉"的重要手段就是让文字更有情怀，要说到人们心里去。文案只有以情动人，才能吸引众多粉丝，并且让粉丝主动传播，扩大商品的市场影响力。比如聚美优品的创始人兼 CEO 陈欧"为自己代言"的文案，一度在网上流行。人们纷纷转发陈欧的文案，甚至竞相模仿。

6.具有网络时代特征

此外，随着网络时代的到来，更加口语化、喜剧化的文案也成为一种潮流。一些网络流行语或者热门段子往往是文案的亮点。比如成龙代言的霸王洗发水，就让"duang"成了一个流行词汇。

总之，新媒体时代的文案就像一个时尚圈，谁能走在时尚的最前沿，谁就有可能成为最大的赢家。

文案的三个境界

"我是江小白——生活很简单！"相信很多人对江小白的文案情有独钟。江小白几年前还只是一个不起眼的小品牌，但是在 5 年里，江小白却从零开始，达到了 10 亿元的销售额。江小白从名不见经传到名声大噪，靠的就是出彩的文案。

江小白的文案被称为广告文案中的典范，它的每一句文案都能打动人心。喝酒本来是人们用来发泄情感的一种方式，江小白的文案正好贴合了喝酒人的心境，每一句都表露出了喝酒人的心声。

比如：

走过一些弯路，也好过原地踏步。

没有刺激，哪来的热情。

你敬我一杯，我敬你一丈。

据说江小白公司文案部连 100 人都不到，但是他们频频推出的金句却在酒业一鸣惊人。由此可以看出，一个好的文案就是一台印钞机，会给公司带来意想不到的收获。

文案有三种境界：荒诞不经，单刀直入，曲径通幽。无疑，江小白的文案就属于第三种：曲径通幽。江小白放下产品说明，从人的情感出发，直击人心，从而抓住了人们的消费心理。下面就让我们来具体看下文案的这三种境界。

1. 荒诞不经

文案中，最低的一种境界就是荒诞不经。一个文案从头到尾不知所云，搞得人一头雾水。显然这种文案就是广告界的"白痴"。比如我们经常在手机看到"新潮流""新风尚""理想型"等千篇一律的广告标题，这些文案读起来完全让人捉摸不透到底在表达什么。

还有一些文案像诗和散文一样深奥，比如"此刻不同凡响，此时无与伦比""品质优良、价值珍贵"等。此类文案只是把华丽的辞藻堆积在一起，缺少新意。

文案的本质是一种营销工具，它既不是诗，也不是散文。文案最重要的是赢得消费者青睐，而不是单纯地表现自己的文字才华。众所周知，著名作家海明威才华横溢，文笔出众，但是他始终成不了文案撰稿人。"闻道有先后，术业有专攻。"文采斐然的人能写出一篇好文章，但不一定能写出一篇好文案。

现实中，精品文案少之又少，更多的是华而不实的文案。这些华丽的文案仿佛与昂贵的广告费相得益彰，但如果不能打动消费者的心，几百万元的广告费只不过是打个水漂而已。

2. 单刀直入

文案的第二种境界就是单刀直入。比如下面这则广告：

坚固牙齿的帮手

牙齿是我们身体中最坚硬的组织，可是在细菌和酸液面前，牙齿也难以逃离被侵蚀的噩运。很多人的牙齿看起来很健康，但是在牙齿里有很多我们看不见的小孔，这就是让细菌和酸液走进牙齿的漏洞。许多人都使用含钙牙膏就是为了抵抗这些细菌和酸液入侵，但钙是很难在牙齿上停留的，所以今天我们这款 ×× 牙膏就是助钙吸附的帮手。

这篇文案对于第一种境界来说，很明显上升了一个高度。很多人看到标题就被吸引了。人们在走路时通常都会选择最近的道路，在生活中也不例外。相对于弯弯绕绕、不明所以的文案，人们更喜欢单刀直入的文案。

此类文案往往开门见山，一开始就道明自己的目的，从而让人们更容易选择与自己有关的话题。比如"送给经常脱发的你""保护我们的眼睛"等，这样的标题就比"永葆青春""你的理想型"要好很多。

看广告的人们都存在一个特定的心理，也就是某种需求。比如一个人想买冰箱，那么他就只会搜索与冰箱有关的话题。如果介绍冰箱之前铺垫一大堆似是而非的文字，那么只会被消费者略过，从而使文案无法发挥广告作用。

这类文案的缺点就是营销面较窄。比如上面的文案一开始就告诉人们是坚固牙齿的帮手，人们就会明白这是牙膏的广告。需要买牙膏的人肯定会仔细看，而不需要买牙膏的就会直接跳过。这种境界的文案更适合一些耐用的消费品，只能吸引有相应需求的客户。

3. 曲径通幽

文案的第三种境界，也就是文案的最高境界——曲径通幽。这类文案虽然也在推销商品，但是没有明显的推销痕迹。它往往利用悬念或者富有趣味的语句，给消费者留下深刻的印象，让消费者过目不忘。

比如同样是两个数学书的广告，一种文案是"你在数学上有什么难题"，另一种文案是"你学数学时遇到过这种难题吗"，虽然这两种文案看起来没有差别，但是结果相差很多。

当人们看到第一种文案时，往往一眼就知道这是关于数学书的推销；而第二种却能巧妙地引起消费者的阅读兴趣，人们就会好奇，究竟是什么样的数学难题，自己有没有遇到过，从而就会因为好奇心继续看下去。

约翰·卡普斯被称为文案奇才。他在25岁时写的一则文案成了20世纪最有名的广告之一——"当我在凳子上开始演奏时，他们笑了……"大部分人刚开始读这个文案时都会好奇，为什么人们都笑了，于是带着好奇津津有味地读下去。读到最后，人们才恍然大悟，原来这是一则音乐学校的广告。

这种文案境界就是典型的曲径通幽。它们在开头丝毫不会提及产品，仿佛只是在讲一个有趣的故事。人们读这种文案时，很容易被开头设置的悬念吸引，从而不知不觉地走进故事情节，直到结尾才会发现文案的最终目的。

这种文案就像一个悬疑故事，不读到结局，你永远不知道真相，而且其中的情节仿佛有一种魔力，一直牵引着消费者阅读。这类文案就是文案的最高境界。

"曲径通幽处，禅房花木深。"只有学会布置曲径，你才能让消费者带着强烈的好奇心读完文案，才能更好地宣传商品！

你有做文案的潜质吗？

很多人对文案这个职业都有误解，普遍觉得但凡有点儿文笔的人都可以做文案。事实上，我国对于文案的职业要求确实不高，只要有点儿文字功底就可以走进文案的大门。现在职场上最不缺的就是文案人，但是最缺文案高手。

诚然，有点儿文笔的人都可以写出文案，但能够写出优秀文案的实属凤毛麟角。文案这个看似简单的工作，其实并不简单。在做文案之前，不妨读一读这一节，了解一下优秀文案人所应具备的条件，就可以知道自己是否有做文案的潜质。

1. 取悦消费者

文案的本质是为了推销，而推销就要取悦消费者。优秀的文案人都懂得如何取悦消费者。据统计，想做文案的人约 60% 都是文艺青年，但是在这 60% 的文艺青年里只有 1% 能够成功地取悦消费者。众多文案人心中的偶像许舜英，就是其中的 1%。

许舜英是著名的广告人，她的文案开辟了华语广告的新天地。她写给中兴百货的一系列文案，让中兴百货的营业额增长了 28 倍。她的文案被称为"广告界的天花板"。

比如：

手为了袖子而存在；脚为了鞋子而存在；空间为了家具而存在；身体为了衣服而存在。三日不购衣便觉面目可憎，三日不购物便觉灵魂可憎。

许舜英的文案既充满文艺范儿，又不失广告的本质。她的文案总是能激起人们的购买欲望，吸引众多的消费者，甚至奥美还专门聘请她为创意总监。

作为文案人，我们要始终明白：文案的最终目的是推销产品，让消费者产生"想买这个商品"的动机。为了达到这个目的，一定要设法打动消费者的心。

2. 富有创造力

我们在日常生活中看到的优秀文案并没有华丽的辞藻，用词都十分简单，甚至都是一些人人都能想到的话语。比如耐克的文案："Just do it."只有三个简单的单词，就达到了很高的境界。

很多人觉得这三个单词这么简单，因而觉得做文案并没有什么技术含量。于是，为了证明自己也可以，就开始竞相模仿，写出了很多大同小异的文案，但是模仿不等于创造。很多人之所以一直写不出出彩的文案，就是因为缺乏创造力。

现如今，大部分文案都是在模仿他人，甚至直接就在电脑上复制粘贴，然后稍做改动。要写出一个经典的文案，并不是信手拈来的事情。在创作过程中，既要有灵活的头脑，还要有源源不断的想象力、创造力，才能让自己的文案大放异彩。

"透心凉，心飞扬"的雪碧伴随了"90后"的成长；"不伤手的立白"受到了家庭主妇的青睐；农夫山泉作为"大自然的搬运工"，走进了千家万户；"今年过年不收礼，收礼只收脑白金"成了过年必备年货……

这些优秀文案之所以能成为大家的口头禅，不仅仅是因为简单的文字，它们的成功凭借的更是创造力。这些文案都具有不可复制的创意。简简单单的文字的确可以成为文案，但富有创造力的文字可以让文字变得不简单。

3. 足够的观察力

"知己知彼，百战百胜。"优秀的文案人通常善于观察手机、报纸、杂志或者其他广告，从而分析总结出当代时尚潮流以及其他人的文案写作技巧。只有足够了解产品，知道什么样的文案最能吸引消费者，才能写出优秀的文案。

比如，一个女孩并不了解高档化妆品，直接凭借自己的想象去写文案，那么她写出来的文案就很难打动消费者，起不到宣传商品的效果。再比如，一个文案人并不了解运动产品的理念，很可能写出来的文案就会缺少热血与激情。

著名文案人小马宋在最开始进入广告公司时，觉得自己的思路很有限。于是他用了半个月的时间把将近两万个文案整理成了 PPT，然后把每个文案都反复看了好几遍。小马宋深知，只有拥有极强的观察力，善于搜集生活中的素材，才有东西可写。

4. 一定的抗压能力

其实，文案工作并不像人们想象的那么轻松，就是坐在办公室里简单地写几个字，过着空调、Wi-Fi、茶水围绕的悠闲生活。

文案人面对的压力其实是很大的，需要和客户反复沟通，了解商品的各种特性，甚至被客户无数次退稿。有的时候一件小案子也要反复修改很多次，而且遇到很多案子积累在一起时，还要天天熬夜，加班赶文案。

作为一个文案人，假如不具备强大的抗压能力，那么很可能就会在压力面前逃土而退。

能够创作出经典文案，是很多文案人的梦想，但是并非所有人都有做文案的潜质。创作一个优秀的文案，不仅需要深谙取悦消费者的技巧，还要具备丰富的创造力、敏锐的观察力等条件。正所谓"没有人可以随随便便成功"，因而也没有人可以随随便便地创作出脍炙人口的经典文案。

写出高能文案的秘诀

费尽心机写好的文案没人点击，人们看了文案不去购买，文案迟迟没有知名度……这些都是让文案人头疼的问题。现在的高能文案到处都是，用的文字都很简单。可明明自己的文案也写的和别人一样简单，为什么自己的文案总是石沉大海？

文案作为一种推销工具，没有固定的模式，不像机械一样有标准，但是文案难，难就难在它的毫无标准上。如同每个领域的工作都有它成功的秘诀，高能文案也不例外。既然文案的最终目的是让消费者购买产品，那么只要抓住消费者的心，写出的文案一样可以成为高能文案。现在，我们就一起来看创作高能文案的秘诀都有哪些。

1. 说好你的第一句话

一个文案的所有内容都是以第一句话为基础的。如果第一句话不能成功地吸引消费者，那么再好的文案也是白费功夫。在文案中，第一句话就是文案的标题。

有调查表明，一个好标题可以吸引 1.3 倍以上的消费者。人们在选择产品时只需要一秒的时间。人们如果对这个标题感兴趣，那么极有可能在这个文案上停留。如果人们看不懂这个标题，那么只需一秒钟就会将它划出自己的视线范围。

第一句话要想吸引消费者注意，就必须在最短时间内抓住消费者的阅读兴趣，让他们可以在瞬间不假思索地点进来阅读。

比如：

一棵树居然开出了一万九千朵花（某杂志文案标题）

为什么食物会在肚子里"爆炸"（某药品文案标题）

鲜为人知的交易秘密武器（某金融学图书宣传文案）

什么？你居然还在用湿毛巾擦脸？（某棉柔巾文案标题）

这些标题不管是用悬念引起人们的注意，还是用具有画面感的词汇抓人眼球，总之它们都达到了自己的目的，成功博得了消费者的关注。第一印象往往是最重要的，所以说写好第一句是写好文案的首要技巧。

2. 集中卖点

所有商家都想一股脑儿地给消费者灌输产品的所有优点，但是消费者的接收能力是有局限性的。用卖点堆积的文案只会引起消费者的反感，消费者在不了解产品的情况下，根本接受不了眼花缭乱的产品说明。

优秀的文案一般只用一个闪光点就可以成功吸引消费者。比如格力电器的广告语："格力，掌握核心科技。"一句简简单单的话，就能让消费者感受到格力电器的高端。

如果用大篇幅进行电器介绍，比如它的效能怎样，它的发动机采用的是什么技术，冰箱的智能功能有哪些等，这样的文案只会让不了解电器的消费者头大。

即使我们的产品有很多卖点，而且每个卖点都很吸引人，也不能全部把它罗列在文案中。可以根据不同的人群、不同的场景主推不同的卖点，这样对消费者集中突破，才能更容易打动消费者。

3. 赢得消费者的信任

想要让消费者通过文案选择我们的产品，很重要的一点就是要让消费者信赖我们的产品。生活中有很多人都有过这种经历，广告说得天花乱坠，但是产品根本不好用。简单来说，就是我们常说的"卖家秀"。

谁都有过购物失败的经历，如果文案不足以消除消费者的疑虑，那么即使文案很精彩，也没人理睬。这里有一个关于取得消费者信任的小技巧：就是借他人之口称赞商品。比如借助其他用户的亲身体验或是权威专家的认定等，让消费者对产品产生信任感。

"王婆卖瓜，自卖自夸"的道理人人都懂，商家自然不会说自家产品的坏话，所以商家口里的优点并不能获取消费者的信任。借他人之口宣扬产品，在消费者看来，就会产生"大家都觉得好，那产品肯定不错！""这个产品看起来信得过！"诸如此类的看法。由此，文案也就达到了推销的目的。

4. 与"我"有关

如果你在大街上看到一个朋友，怎么才能让朋友发现你？很多人会说："这简单啊，直接喊朋友的名字就好了。"对，我们现在要说的秘诀就是这个道理。一般人们只会注意与自己有关的事情，而自动忽略与自己无关的事情。

比如网易云的一则文案：

小时候总是骗爸妈自己没钱了，长大了却总是骗爸妈自己还有钱。

——网易云用户×××对《异乡人》的评论

这则文案引用了一位用户的评论，给消费者讲述了一个现实生活中经常出现的现象，因此成功引起了消费者的关注，从而想要点进去仔细了解一番。如果在一则文案中，我们能让消费者发现他与这个产品有关，那么就可以成功引起消费者的阅读兴趣。

5. 激发消费者的购买欲望

消费者看完一条广告后，就会产生一个问题：我需要这个产品吗？如果不需要，消费者就会马上离开。所以我们要做的就是激发消费者的购买欲望，让消费者读完就立刻想要购买这款产品。

比如推销美食，只说它好吃、可口，起不了什么作用，你要想办法把这种食品描述得让人直流口水，就想马上吃到它，才能让消费者的购买欲望飙升，想要立刻购买这种食品。又或者一个洗衣机的文案，你只说它有多少功能，吸引不了什么人。但是你把它写成"买它是人生大事"，就能一下子点燃消费者的消费欲望。

6. 保持高格调

要想写出高能文案，就一定要注意格调。有格调的文案才能吸引众多粉丝。比如 36 氪的广告语"看到未来"，知乎的广告语"与世界分享"等。

网络时代，不管食品还是服装，都可以在网络的推动下成为爆款，而有格调的文案就是爆款商品的最大推手。

能够写出高能文案的秘诀不只这些，下面会为大家介绍更多的文案写作技巧。在经济迅速发展的今天，相信只要我们努力去学，就能写出高能文案，并且把商品打造成爆款！

练习，练习，再练习

"学而时习之，不亦说乎？"学习知识要经常温习才有效果，写文案也一样。写文案其实就像学书法，只有不断地练习才有成效。无数次练习不一定就能写出好文案，但是不练习肯定写不出好文案。

著名文案人小马宋说，他成功的秘诀就是不断练习。小马宋最初做文案时，深知自己的专业知识薄弱，于是花费了很长时间搜集整理了近两年的将近两万个文案，然后反复去看这些文案，并不断地练习写文案。

小马宋说，一个普通的人要学习文案并不难，就是要不断地背诵经典文案，不断地练习写文案。好的文案是经过千锤百炼得来的，任何成功都不是一朝一夕就可以做到的。要想写好文案，就要准备下苦功夫。

但是练习并不代表就是简单的重复，练习也是有技巧可言的。如果我们只是单纯地重复一件简单的事情，在练习中不懂得思考，那么就和运水工没有什么区别。运水工每天重复同样的工作，但是他练习千万次也不可能生产出水来。练习写文案，就是要有技巧地去不断练习。以下就是练习写文案时的几点技巧。

一是，文案思路要清晰。

在练习写文案之前，我们要想明白自己要写的是什么。当我们在写一篇文案时，要先想清楚我们所写的内容和题材。这里给大家提供一个简单的文案思路：对谁说—说什么—怎么说—说清楚。掌握了基本的文案思路后，我们才能写出好的文案。

二是，写作方式要明确。

确定了文案思路，我们就要思考用什么方式去写这篇文案。所有文案都是为产品服务的，我们要怎么写才能更好地展现产品特点，让产品出彩，就是我们第二步需要做的事情。

三是，检查修改是关键。

没有人一提笔就可以写出惊世文案，好文案都是经过不断检查修改后才出炉的。很多人在写文案的时候都是一遍过，从来不去检查或者修改，所以他们永远发现不了自己的缺点，只能停留在原地甚至后退。

四是，分析总结很重要。

成功的人往往善于总结，他们不仅善于从失败中吸取教训，还会从每一次胜利中总结经验。写文案也是如此，写完一篇文案并不是就完事了，我们要从每次写的文案中看到可以一直沿用的闪光点，比如标题新颖、结构清晰。当然我们也要总结文案的不足，分析写得不好的原因。一次全面的总结很有可能让下一篇文案得到质的飞跃。

很多人都听过很多道理，但还是没有过好这一生，这往往是只听不练，没有实践和总结造成的。他们渴望一朝练就绝世武功，却忽略了自己还不具备扎实的内力，这就是很多人看了无数的套路后还是写不出好文案的原因。

文案界的老手都明白，哪怕学了很多技巧，但是没有足够的练习和积累，一切都是花拳绣腿，空有花招却毫无实力可言。再简单的技巧，不练习永远都无法掌握。再复杂的创意，不断地练习也会变得简单。

写文案就像是准备期末考试，要想成绩优异就要经历四个阶段：学习、思考、练习、实践。很多文案撰稿人都有过这样的苦恼：明明我思考怎样写文案时思路很流畅，可为什么一下笔却写不出来东西？这就是没有练习的缘故。

做任何事都有技巧可循，练习写文案也是如此。举一个例子，就如取标题来说，技巧就有很多种。

1. 一对一练习

从不同的角度出发，比如从创造极端、反常识、竞争心理这几个角度各拟一个题目。只要标题符合这三个技巧即可（不限定内容）。那么，我们就可以写出这三个标题：

创造极端："靠这个东西，她完成了逆袭！"

反常识："失败是成功之母？别傻了！"

竞争心理："有了它，还玩什么刺激战场？"

2. 一对多练习

我们都知道，在学习中能够举一反三才能更加牢固地掌握知识，写文案也一样。比如，假如要写一个有关美白面膜的标题，那么我们可以尝试不同的写作方向，分别写出不同风格的标题。

比如：

面膜排行榜第一位

亲爱的，是时候告别灰姑娘了

有了它，再也不用美图秀秀了

3. 用数量打造质量

取标题看似简单，但实则是文案中最困难的一步。取标题的过程就像大浪淘沙，在众多标题中挑选出来的才是最好的。我们在练习写标题时最起码要设置三种方案，最后择优录取的那个才能成为优品。

比如，以阅读为题，可以拟写以下几个题目：

为什么要阅读？

阅读的人好可怕

我害怕阅读的人

众所周知，《我害怕阅读的人》是奥美的经典文案，但是奥美这篇在网络上火爆的文案，中间经过了多少次挑选，我们不得而知。出名并不是一蹴而就的事情，别人获得的荣耀都是靠背后无数次练习换来的。

"台上一分钟，台下十年功。"我们眼中的文案高手，并不是天赋异禀，也不是他们具备什么超能力。这些文案大咖的每一句文案都是基于他们在台下练习了无数次，才最终成为众人眼中名声赫赫的火爆文案。

"看懂了"和"会写了"，在文案写作中是两个不同的境界。多数人轻轻松松都可以做到能看懂文案，但是要想会写文案，就需要经过无数次反复的练习。只有练习，练习，再练习，才能让简单的技巧变成你手中的有力武器。

有时候文案撰稿人和文案高手之间，只是相差了中间无数次的练习。坚持每天不断练习，一点一滴地积累，是文案写作永远不会过时的诀窍。

一句好文案带来的热销

在日常生活中，我们能够记住的文案往往是好文案，因为真正精妙绝伦的文案通常是第一眼就打动你的文案，是让我们一读就触动心灵的文案。

这些文案往往只有简短的一句话，却能在瞬间抓住人们的心，让人有一种立刻购买的冲动。很多优秀文案只用了十几个字就带来热销。要想写好文案，就要不断学习、观察、体会这些经典文案。现在我们就来看看一句好文案带来的无穷价值！

别把酒留在杯里，别把话放在心里。（泸州老窖）

泸州老窖酒有着四百多年的历史，但在文案上并没有固守传统，而是紧跟时代步伐，不断创新，从而赢得了年轻人的喜爱。

泸州老窖上面的这句话可谓道出了年轻人的心声。很多在外打拼的年轻人生活都很艰辛，但他们往往把所有的苦都藏在自己的心里。这句文案就给了这些年轻人一个情感发泄的出口，可以让他们借助酒尽情释放自己的情绪。泸州老窖的这句文案让人拍手叫绝，而这也是泸州老窖销量热度不减的原因。

在四百多年的历史里，要想一直保持很好的销量，就要不断尝试，不断创新。这简单的一句话既是泸州老窖的态度，也是泸州老窖的制胜法宝之一。泸州老窖能够一直被视为酒中典范，其中离不开好文案的助推。

门外世界，门里是家。（中央电视台广告经营管理中心）

中央电视台推出的公益广告总是给人们带来惊喜，这一句简简单单的"门外世界，门里是家"，道出了中国人的家国情怀。中央电视台用我们身边时刻存在的门作为切入点，把它作为中国的象征物，完美呈现了中华民族的文化传承和在外游子的归属感。

中央电视台的公益广告一直被人们称赞，无论是"筷子篇"还是"等到篇""回家"，总会有那么一句文案触动我们的心弦，让人心生感怀。可见一句好文案并不需要多华丽，甚至不需要多动听，只要能说到人们的心坎里，就会捕获人们的心。

我不是天生强大，我只是天生要强。（蒙牛）

2018 年 3 月，蒙牛乳业发布了 2017 年度业绩报告，蒙牛乳业获得了601.56 亿元的年收入，净利润达到了 20.48 亿元。很多人看到这些数字的时候都为之惊叹，甚至觉得一个乳制品供应商能做到这种程度简直难以置信。

蒙牛乳业之所以取得了这样的成就，离不开它每次带来的精彩文案。上面的这句文案，让蒙牛乳业的品牌得到了有效推广。人们与生俱来的力量是大自然赋予的力量，而蒙牛不仅从健康体质上成就了人们的强大未来，而且其追求永不服输的拼搏精神，正是这个社会所弘扬的主旋律，也是奋斗中的年轻人所应具备的一种品质。"男儿当自强""美好的未来是奋斗出来的"，这就是蒙牛想要传播的品牌观点。

蒙牛的优秀文案远不止这句，比如"天生活力，自有不凡""为理想证明，为自己争冠""改变的是外在颜色，不变的是本真初心"等，蒙牛的每句文案都体现着蒙牛的产品理念，再加上与之贴合的明星效应，蒙牛乳业取得良好的销售业绩也就不足为奇了。

人生没有早知道，只有当下酒，眼前人。（江小白）

江小白的文案一直很出彩，它最成功的地方就在于每句文案都一针见血地戳中人们的痛点。正如上面这句文案所表达的，人的一生中总有着很多后悔的事情，总会有"早知道会这样，当初绝不那样的"无奈。虽说这样的道理谁都懂，但能够像江小白这样一语中的，一下子说到人们内心深处的却没有几个。江小白这位半路杀出来的"草寇英雄"，就是凭着这样一句句直戳人心的文案打造出了自己的品牌形象。江小白走进的不仅仅是市场，最重要的是它走进了人们的心里。

拳头能解决的问题，请别用权利去打破。（安踏）

在 2016 年里约奥运会表现优异的不只是我们中国运动员，还有很多值得我们中国人骄傲的品牌——安踏就是其中之一。安踏这句文案道出了运动理念中的激情。

短短 17 天的奥运会，让安踏获得了世界各国的关注。安踏在这次奥运会中的文案，句句果敢、有创意，被人视为对之前固有形象的一次完美逆袭。比如"真正的对手，是你最想赢的那个""胜利是最快的反击"等金句，都成了安踏开启崭新未来的有力武器。

一句好文案带来的热销让众人都为之眼红。但大部分人会有这样的疑问：为什么别人一句简单的话就会传遍世界，自己却写不出来一句优秀的文案？对于文案而言，如何用短小精悍的一句话打动人心，其实很有难度，但并不是毫无技巧可循。

1. 善于思考

要想写出优秀的文案，首先要善于思考。牛顿因为善于思考，并通过思考苹果为什么会从树上掉下来，发现了万有引力。如果要写一篇关于食物的文案，那么就先认真思考这种食物，多问自己几个为什么，比如这款食物是针对什么样的消费者？它最吸引食客的是什么地方？人们为什么会选择它？从这些问题的回答中，你就会找到自己想要的答案。

2. 引起共鸣

其次，平时要多看报纸新闻，多用心去观察生活，感受生活。你的文案要想引起别人的共鸣，首先要引起自己的共鸣，将自己置于消费者的角度，看看自己写出来的东西能不能打动自己。如果自己读了后感觉平淡无奇，那就不要指望消费者会为之动容。

3. 针对性强

产品使用人群无非是家人、朋友、敌人、陌生人等几种人。很多产品都有专属的消费对象，比如，一款美白面膜，主要针对想让肌肤显白的爱美人士；而一款补水面膜，则主要适用于肌肤干燥的人士。想想你的产品针对的是什么样的人群，你在创作时就可以更好地把握文案的写作方向。

4. 精简文字

"一句式文案"最大的特点就是精练。不断地精炼文字内容，去掉多余的字眼，哪怕只是一个字或是一处标点，如果可以省略，也不要放上去。把所有想表达的东西精简为一句浓缩的话，那么你的文案就可以让人眼前一亮。

英国著名作家王尔德说过，他校对一首诗要花费很长时间，可能一个上午他只是去掉了一个逗号，但经过一个下午的思考，可能他又加上这个逗号。写文案也是如此，我们眼中的一句优秀文案也是经过千雕万琢之后定稿的。

希望下一句优秀的文案，是从你笔下带来的精彩！

第二章 爆款从何而来：
写好文案的基本原则

记住你的目的是什么

很多人在写文案时往往混淆了一个关键点：文案的目的。在上一章我们强调过，文案的本质是推销产品，但是很多人在写文案时经常容易忽略这一点。他们认为，如果自己写的文案能够家喻户晓，就是最大的成功。但文案的最终目的不是让人知道，而是让人购买。

文案是营销的一种重要手段，优秀的文案能给产品锦上添花，成为品牌的支柱，提高消费者的购买欲望。反之，不适合的文案，不但不能帮助企业推销产品，反而会成为产品的减分项，甚至砸了企业的招牌。

比如，你肯定听过"地球人都知道"这句话，如果我问你，这句话来自哪里，你肯定会非常自信地说，这是赵本山在一个小品里说的一句台词，但其实这句话是北极绒保暖内衣的广告词。这句家喻户晓的文案，几乎没有人知道它到底卖的是什么产品，这无疑就是北极绒保暖内衣文案的一大败笔。

你要记住，文案最重要的目的是吸引消费者购买产品。即使我们的文案让地球人都知道了，但是没有一个人来买我们的产品，甚至没有一个人知道我们到底卖的是什么产品，那么这篇文案可以说毫无意义。

如果我们想通过文案达到推销的目的，不妨在写完文案后问自己一个问题：消费者看完这个文案会立刻购买这个产品吗？如果答案是肯定的，那么这就是一篇成功的文案。如果消费者没有产生购买欲望，那么你的文案只能被消费者束之高阁，甚至被自动屏蔽。

文案本身是一种营销工具，如何用文案更好地宣传我们的商品，才是最重要的。我们想要通过文案成功地推销产品，需要记住以下几点基本原则。

1. 文案的语言要简短且具有说服力

在快节奏的生活状态下，很少有人花费大把时间去阅读广告，所以文案如果太长，只会消磨掉消费者的耐心，很容易引起人们的反感。再者，文案是为了推销产品，并不是为了推销你的文采，大篇幅的华美语言只会削减产品本身的重要信息，还会让人觉得文案有哗众取宠之嫌。

此外，文案要具有说服力。如果我们想让消费者购买产品，首先要获得消费者的信任。在文案写作中，我们不能使用"也许""或者"这些模棱两可的词语，这些只会让消费者感到恐慌。我们自己都不能肯定我们的产品，又如何让消费者放心掏钱购买呢？

比如"李宁，一切皆有可能""欧莱雅，你值得拥有"，还有北京现代的"去征服所有不服"等优秀文案都具有很强的说服力，由此让这些品牌获得了大众的信赖，所以这些产品才能在市场上热销。

2. 广告设计要适当

文案中必不可少的就是广告设计，简陋的广告设计肯定会影响产品的品牌，但太过华丽的设计反而更会弄巧成拙。往往大品牌的产品设计都很简单，而设计太过华丽的产品往往登不上大雅之堂。

取悦消费者固然有助于推销产品，但太过矫情地取悦消费者就脱离了文案的目的。我们写文案是为了更好地卖出产品，而不是更好地演戏，从而博取消费者的掌声。比如本来就是一款简单的手链，你却说得天花乱坠，这就失去了产品原本简单、质朴的理念。

用文字装扮我们的产品固然重要，但是装扮得过于讲究，则不可取，这也是文案撰稿人经常犯的错误。我们设计一个漂亮的盒子，是为了吸引消费者购买明珠，如果我们费尽心机来设计这款盒子，那么我们的文案就成了"买椟还珠"。

3. 确定产品的消费人群

很多人在写文案时经常抱有"让所有人都会喜欢"的空想，在写文案时把目标人群定位为所有的人。这种想法不仅错误，而且无法实现，使文案失去了宣传作用。因为每个人的性格爱好都不同，没有一种产品可以让所有人都满意。

文案是针对产品设计的，产品是根据特定人群的需求来生产的。比如只有老人才会用老花镜，只有女生才用卫生巾。我们在写文案时只有针对不同人群，确定消费对象，才能成功地推销产品。

4. 学会从消费者角度看问题

成功的文案撰稿人会研究消费者，知道站在买方的角度去看待问题，比如买方喜欢什么，不喜欢什么。一个文案只有对消费者来说是有用的，消费者才会去关注。只有了解消费者的需求，我们才能找准文案写作的方向。

有些文案撰稿人的文案一直平淡无奇，不能给企业带来效益，其原因就是他们总是尝试写一些消费者并不感兴趣的文案。消费者在看到这类文案后，大部分会选择搁置在一旁或是彻底遗忘。只有消费者感兴趣的文案才能被记住。

卖给消费者不需要的产品十分困难，所以我们就需要花大量的时间去研究消费者的真正需求。作为文案撰稿人应该站在买方的角度去思考问题，从消费者的需求角度出发去写文案。只有满足消费者的真正需求，才能达到推销产品的目的。

总有一些人默默坚守职责，点点滴滴始终如一，分享让你我更亲近，你是我的怡宝。（怡宝矿泉水文案）

怡宝的这段文案成功地达到了推销的目的。它的文案突出了商标和名称，很有辨识度，能够让消费者一眼就从众多产品中识别出来。在文案用词上并没有采用华丽的辞藻，而是选用了常见的几个词语，更容易让消费者接受。

在一定意义上，我们可以将文案当作一名销售员。因为销售员的工作就是销售产品，所以用销售员的角度去思考，文案的目的就不会偏离航线。我们在写文案时可以想象，如果一名销售员在销售这个产品时，会产生什么样的问题，并以此来确定文案的内容。优秀的文案不是让消费者记住你，而是记住你的产品。俗语说："不想当将军的士兵不是好士兵。"同理，卖不出产品的文案不是好文案。

第一句话很重要

很多美国广告大师都有这样的观点：如果给他们 5 个小时写文案，那么他们会用 3 个小时来想标题。21 世纪是个快节奏的时代，大部分人都没有足够的耐心。人们在看广告时只用两到三秒看下标题，从而决定是否要点进去看内容。

如果标题吸引了他，那么恭喜你，这篇文案已经成功了一大半。如果标题没有吸引他，那么即使文案内容写得再出神入化，也只会石沉大海。标题就是文案的第一句话。可见，写好第一句话至关重要。

一位文案大师曾经说过："文案最重要的就是写好第一句话，这样才有机会让人们看到你的第二句话。"标题就是文案的文眼，它统领着整个文案。标题的目的是把最重要的信息传递给消费者，从而吸引消费者注意。

我们身边的文案撰稿人数不胜数，但能够写好第一句话的人却寥寥无几。很多文案撰稿人在想文案标题时都不会超过半个小时，甚至很多人在10分钟内快速写完标题，草草了事。这就是为什么很多文案根本吸引不了消费者的重要原因。

一个好的标题必须能够突出重要信息。消费者在看广告文案时一般会考虑自己现在需要什么，如果文案的标题并不能突出重点，那很可能会被消费者无情地忽略掉。文案标题的目的是诱导消费者阅读正文，所以必须有足够的吸引力。消费者只有在对某种产品产生兴趣时才会自觉地关注广告内容。

在撰写文案标题时，有一个4U法则很值得借鉴。4U法则包括紧迫感（Urgent）、独特性（Unique）、明确具体（Ultra-Specific）、实际益处（Useful）。

一是，紧迫感。

紧迫感就是给消费者营造一种迫在眉睫的气氛，让消费者觉得如果不买这个产品就是一种损失。比如"让你今年在家就能赚到5万"就比"在家赚到5万"更为紧迫。或者我们还可以通过"限时优惠"来达到这种目的，比如优惠举措截止到某个日期等。

二是，独特性。

独特性就是以全新的方式来呈现我们的产品。文案最大的成功不是去写新鲜事物，而是把消费者知道的产品用独特的方式呈现出来。

比如，某家进口公司在推销一款进口沐浴套装时，在文案中写了这样一个标题："为什么韩国女性肌肤最美？"与老套的"韩国沐浴套装5折优惠"相比，这个标题让人耳目一新，瞬间激发了消费者的好奇心。

三是，明确具体。

文案标题要明确指向特定的消费群体。文案标题是为了吸引消费者，但不是为了吸引所有消费者，这本身也是一件不可能发生的事情。很多文案撰稿人经常把标题中的目标人群写得很广泛，他们认为这样就可以吸引不同的消费群体。

实际上，标题中设置一个明确具体的使用人群，让相关人群为之着迷，愿意为产品掏腰包，这才是成功的标题，比如"化妆品千万不能用手涂抹""在飞机上绝对不要吃的东西""退税的最佳时机"等。

四是，实际益处。

在标题中体现产品的实际益处。消费者购买产品时总会挑选对自己有益的东西，在标题中给消费者提供明确的好处，让消费者觉得能够获利，从而愿意购买产品。比如"欢迎来到平价酒店订购网"，很多人看到"平价"时就会想到省钱，进而情不自禁地打开网站观看具体的文案内容。

文案是产品的广告，而文案标题就是文案的广告。如果我们没有写好标题这第一句话，就不会有人去看第二句话，这样的文案就没有任何作用。

那么我们到底该如何撰写文案标题呢？下面就教大家几个小技巧。

1. 打好感情牌

人类都是感性动物，不管亲情、友情还是爱情，总有一份感情是消费者心底最柔软的部分。从一份真挚的情感出发，用文案标题给消费者出示一张感情牌，是文案的必杀武器之一。

比如下面这几个标题：

女儿的出嫁不是离家，而是把更多的家人带回家（某家具公司文案标题）

老公我爱你，烟不能戒，洗洗肺可以吗？（某保健品文案标题）

20 年的等待，一份让她热泪盈眶的礼物（某礼品公司文案标题）

2. 讲好故事

人们从小到大都喜欢听故事，有趣的故事总能引起人们的阅读兴趣。人们最烦的就是广告中专业化的产品介绍，一个专业性的标题只能让人看得一头雾水。如果在标题中告诉人们，这是一个有趣的故事，那么大部分消费者都乐于看一看这到底是一个怎样的故事。

在这里举几个典型的例子：

毕业 3 年，我从员工变成老板（某管理学图书篇章名）

我与茶花女的邂逅（某茶叶文案标题）

那些年，我们走过的弯路（某招商广告标题）

3. 问好问题

俗语说："好奇害死猫。"但是在日常生活中，大部分人都控制不住自己的好奇心。恐怖片越怕越想看，侦探案件越复杂越想一探究竟。制造悬念的标题总会让人们在看完之后，觉得心里很痒，特别想知道结果是什么，这就是标题中问好问题带来的效果。

比如下面几个标题：

失败是成功之母，"妈妈"究竟在哪？（某培训机构文案标题）

高端乳酸猪肉是在忽悠人吗？（某食品文案标题）

十年"杯中酒"究竟发生了什么？（某红酒文案标题）

4. 用好数据

数据带给人最直观的印象，有时候讲一堆道理都不如写一个数据更令人信服。一个让人震撼的数据总会给人们带来心理上的巨大冲击，让人觉得十分靠谱。在标题中用好数据，能迅速得到消费者的信任。

下面举几个例子：

年薪百万不是梦（某图书篇章名）

我们的肠道居然有 500 多种细菌（某保健品文案标题）

1 个好创意，帮你节省 30000 元，这里有 33 个（某网站文案标题）

眼睛是心灵的窗户，标题是文案的眼睛。要想让人去看你的产品，就要利用好这扇窗户。

跟"我"有关，"我"才关心

有人形容写文案就像写情书，你想要打动消费者的心，就要从消费者的角度出发，说他想听的话，写他爱看的文字。所有消费者关心的只有自己，他并不关心你的品牌和你的产品。"事不关己，高高挂起"是很多消费者的消费心态，所以只有与"我"有关的文案才能吸引消费者。

假如你开了一家女性时装店，想为这家店写一份文案。你就要站在一个年轻时尚女性的角度上思考，你要仔细思考这样的女性购买衣服的理由。

比如某时装店的文案：

昨天和男朋友约会，打扮得还不够时尚？买了一个时尚的包包，却没有搭配的衣服？想买一条裙子，挑遍了几条街都没有找到合适的？某某女装店，解决你的烦恼，从现在开始。

了解消费者很容易，但打动消费者很难。从根本上来讲，人都是利己主义者，人们在思考问题时，总会从自己的角度出发。很多人写文案时想的都是：我要怎么写才更好？我要把哪些卖点写进去？我要怎样吸引消费者？

反过来说，消费者在购买产品时想的都是：这个产品对我有用吗？我需要什么产品？我穿这件衣服合不合适？所以，要想吸引消费者，在写文案时我们最需要问的是：消费者需要什么？我的产品能给消费者带来什么好处？只有把这些问题想明白了，我们的文案才能激发消费者的兴趣和热情。

那么站在消费者的角度上，我们应该怎么写文案呢？

1. 与"我"一样

大千世界，无奇不有。有人喜欢甜甜的棉花糖，也有人偏偏喜欢鲱鱼罐头。每个消费者都有自己的想法。我们写文案就要放下对消费者的偏见，尊重消费者的选择。哪怕消费者喜欢榴梿味的洗面奶，我们也要理解消费者。

只有消费者觉得你和他是站在一边的，我们的文案才可能被消费者认可。比如奥美为了动员消费者多读书，推出了《我害怕阅读的人》。消费者看完后，都被奥美的文案吸引了。

下面是这篇文案的节选。

我害怕阅读的人。一跟他们谈话，我就像一个透明的人，苍白的脑袋无法隐藏。我所拥有的内涵是什么？不就是人人能脱口而出，游荡在空气中最通俗的认知吗？像心脏在身体的左边。春天之后是夏天。美国总统是世界上最有权力的人。

……

我害怕阅读的人，尤其是，还在阅读的人。

很多人在看到这篇文案的题目时，就会想到："对，我就是这种人！"或者是："这么多文章，就这篇说出了我的心声。"奥美这篇文案最大的成功就是从消费者的角度看待问题，让消费者觉得这件事情与自己相关。

2. 对"我"有利

当人们购买东西时，都会选择看上去很不错，相当有实力或者比较适合自己的东西。尤其是很多时候在品牌效应下，人们总是相信买这个牌子的产品对自己很有利。

比如肯德基为自己的汉堡设计的广告语"卖出数十亿的汉堡"。肯德基这种人尽皆知的牌子本来就能吸引很多的消费者，再加上这样的广告语，人们就会更加信赖这个品牌。但事实上，肯德基真的卖出了十亿个汉堡吗？我们并没有办法认证这件事情的真实性。不过这一点并不重要，重要的是人们相信肯德基拥有这样的实力。

此外，当消费者发现自己购买商品时占了便宜，而商家因此吃了亏，此时消费者就会觉得捡到了大便宜。比如在砍价时商家经常用这样的套路。你给他的价钱其实能够让他赚钱，但是他还装作很惋惜的样子对你说："算了算了，看在你是常客的分上，亏钱给你吧!"这时消费者就感觉自己赚到了，于是高兴地付钱走人。

3."我"的评价

当我们购买一款之前没有用过的新产品时，第一反应就是看看别人是怎么说的。所以我们会去看买家评价，询问用过这个产品的朋友。如果大家都说好，那么我们就会痛快地付钱。

没有一个商家会说自己的产品有什么缺点，所有商家在产品介绍中只会想办法夸自己的产品，这就是人们更相信消费者说的话的原因。所以一篇文案只是从商家的角度赞美产品，并不能达到效果，我们应该学会借消费者的口来夸自己的产品。

所有消费者都说好的产品才足够让消费者信服。所以我们在写文案时，不仅要写出该产品对消费者的益处有哪些，还要善于运用消费者的语言来体现产品的优点，比如在产品介绍里展示买家的评论，会更容易获得消费者的信服。

在日常生活中，所有我们使用的产品，比如护肤、美食、教育等，都很难用商家的一面之词打动消费者。这时候我们就可以借用消费者证言来展示自己产品的优势。有时候消费者对产品的一句评价就可以抵过商家所有的语言。

4."我"很喜欢

在购买产品时，消费者一般都会经历三个层面，这三个层面分别是感性层面、理性层面、个人层面。

我们看到一个文案很吸引人，就会忍不住点进去看，这就是感性层面。点进去后，我们会考虑自己到底需不需要这个产品，这是理性层面。经过考虑后，我们还是觉得这个产品很有吸引力，于是决定购买，这就是最后的个人层面。作为文案撰写人，我们很难去控制消费者的理性思考，所以我们要从感性层面和个人层面来吸引消费者。

在感性层面，我们需要了解消费者的年龄层次、购买力，他们属于什么人群，他们最需要什么等，这样我们才能知道消费者最想要的是什么，我们写的文案"消费者"才会很喜欢，而不是文案人想让消费者喜欢。

在个人层面，就是努力把产品打造成消费者不仅喜欢而且非买不可的样子。比如一个消费者刚在金融危机中遭受了重创，财富尽失，这时他看到可以简简单单重圆梦想的机会，那么他肯定会迫不及待地想知道这个方法。

打动人心，就要先走进他的心。当你的文案说的都是消费者的心里话时，消费者就没有理由拒绝这篇文案了。

看得懂才会继续

一个优秀的文案不仅仅要有意境、有思想、有特色，更重要的是能够让人看懂。消费者能理解文案的意思，知道我们卖的是什么产品，这才是敲开销售大门的第一块砖。

比如我们常见的一些文案，它们选用的词语都是什么倾世之选、至臻精选等让人根本不知道是什么意思的词，只能在众多文案中遭遇翻车。即使产品的销量很高，也只不过是销售人员的努力或者人们很需要这种产品而已。

现在很多年轻文案人往往只追求高端、时尚，以为用很多看起来很高端的词语就可以让自己的文案高人一等。事实上，再高端的词语，如果消费者看不懂，这些文案也只不过是华丽的瓷器，经看不经用。

文案的本质是为了推销产品，而我们写文案就是要达到和消费者沟通的目的。当我们通过文案向消费者表明我们的观点、产品信息，或者借文案抒发品牌情怀时，首先要让消费者明白我们表达的是什么。

很多文案撰稿人忘记了文案的本质目的，把文案当作自己的一场秀，在文案中大肆炫耀自己的文采，写出像散文或者像诗一样的文案，自己还为此扬扬得意。这就是很多文案看起来文采飞扬，但是卖不出产品的原因。

第一则："杰出的诗人、著名的画家、优秀工作者，每个人都会遭到攻击，但每个人最终也会拥有荣誉。不论反对的叫嚣如何嚣张，美好的或伟大的，总会流传于世，该存在的总是存在。"

第二则："走在未来之前，凯迪拉克全新豪华轿车 XTS 创新问世。我是凯迪拉克，你有问题吗？"

这两则都是凯迪拉克的文案。但很多人看完第一则文案后肯定会问："这是在介绍什么产品？"这则文案看起来文字笔调优美，完美地诠释了凯迪拉克的品牌内涵：敢为天下先。这是凯迪拉克 100 年以前的文案，如果放在100 年以前，人们或许还能接受这种写作方式。但是在今天，这种文案就让人读起来很生涩，让人很难看懂其中的内涵。

第二则和第一则比起来表达方式更为精简，而且浅显易懂，这样的文案更容易让人们理解和接受。人们通常理解广告的途径是通过语言文字表达的观念。如果我们的文案只是一味地追求语言上的华美、精致，而忽略了产品本身，甚至让人很难读懂，那么这篇文案就起不到任何作用。

根据调查，消费者在购买产品时有两种模式：一种是考虑为主的高认知模式；另一种是感觉为主的低认知模式。在现代社会中，大部分人们在购买产品时都处于低认知模式，即凭自己的感觉购买产品。在这种模式下，我们的文案要想入人们的"法眼"，就要足够简单明了，可以让人们一看就懂，明白我们想要表达的意思。在这种快节奏的时代里，人们普遍都没有足够的耐心，所以如果文案艰涩难懂，让人仔细琢磨才能明白文案的含义，人们只能选择放弃阅读。

想要写出让人一看就懂的文案，有下面两个技巧。

1.少用假大空的词语

很多人写文案时经常习惯使用这样的语句："献给时代领袖的礼物；百年努力，服务大众；集尊贵、华美于一身。"假如让你去想这些词对应的品牌，你就会发现这些文案好像与所有的品牌都匹配。

当10种产品的文案都自赞为尊贵之品时，消费者就会怀疑产品的可信度。这种写作手法除了降低产品品牌的辨识度以外，毫无益处。

在广告无处不在的时代，人们已经看烦了这种广告，早已经对这些假大空的词句产生了抵抗力，甚至已经深恶痛绝。在绝大多数文案中，大部分词句都致力于形容产品，但实际上这些词句并没有任何的实际意义。消费者看到这种文案，不能理解你想表达的意思，文案无法起到宣传作用。所以在写文案时，我们要切记，少用这些假大空的词句。

2.对人说人话，对鬼说鬼话

我们写文案首先要考虑这篇文案是给谁看的，针对不同领域的目标人群要用不同的说话方式。比如你叫一个慈祥的老太太"美女"，估计只能得到老太太的臭骂。

文案不是万能的，一篇文案并不能讨好所有的人。所谓"看得懂的人自然懂，看不懂的人也无须刻意讨好"。我们写文案的目的不是满足所有人的需求，而是讨好既定的人群。我们的产品要向什么样的人群推广，就要用适合这种人群的语言来说服他们。

比如网易新闻的一则二次元广告。

中二不是病，宅腐来续命。态度是我，更是我们。有态度，不独行。

这条二次元的文案显然是针对喜爱二次元的人群。对于非二次元人群来说，他们根本看不懂这则文案表达的意思。而对于喜爱二次元的人群来说，他们看到这则文案就会默默一笑，能够在瞬间心领神会，从而对网易新闻产生好感。

巧妙的文案既能让圈内人好感倍增，也能让圈外人增加好奇感。如果文案中强行用一些圈内圈外都看不懂的文字，企图强行吸引所有的人，只能导致所有人都看不懂，甚至引起所有人的反感。

其实，不管什么风格的文案，只要能够做到多一个字就是累赘，少一个字就失去了精华，能够用不多不少的文字与产品完美贴合，并且让人们可以真正看懂，这样的文案才是真正好文案。

你的卖点在哪里？

一家银行赠送给每位来办理业务的人一本小册子。一天，他们想测试一下自己的小册子有多少人会读，于是他们在小册子里写了这样一段话："任何人只要和银行开口，银行就会无偿赠送他 100 元。"他们把这段话藏在 4000 多字的技术性信息里面，并寄给了 100 名消费者。然而，一个月过去后，没有一名消费者来银行兑换这条承诺。

这个故事告诉我们，几乎所有人都对冗长而枯燥的产品说明不感兴趣。在购买产品时，人们在乎的并不是商家的产品原料、生产方式、产品解读等说明，而是一个能够吸引他的卖点，并且这个卖点的位置至关重要。

有些广告文案之所以没有发挥宣传效果，就是因为广告文案没有打造出独特的卖点来吸引消费者。如果我们的产品有很多卖点，但只有一个是最重要且最吸引人的，这时你要做的就是把这个卖点提炼出来，并放于最醒目的地方，那么消费者就会快速获取我们最想表达的信息，从而对我们的产品产生兴趣。如果我们把这个最重要的卖点与其他次要信息罗列在一起，那么最重要的卖点只能成为沧海一粟，而为人们忽视。

因此，文案要想给消费者留下深刻的印象，就要找到我们产品中一个最突出、最能够迎合消费者需求的卖点，并且将这个卖点放于显眼的位置。

要想撰写具有销售力的文案，第一步不是描述产品所有的特色，而是抓住能够吸引消费者的核心卖点。只有我们把这个核心卖点成功地传达给消费者，消费者的视线才会在我们的产品上停留。找到能够让消费者感兴趣的产品卖点，那么我们的文案就成功了一大半。文案的最终目的是卖产品，如果我们的产品没有吸引人的卖点，我们是永远都不可能卖出产品的。

在信息发达的网络时代，消费者如果对我们的文案话题不感兴趣，只需一秒就可以关闭信息。如果消费者对我们的文案话题感兴趣，他们会乐意花上几分钟，主动获取产品的信息。那么，究竟选择什么样的话题才能吸引消费者，让消费者可以在我们的文案面前稍做停留呢？也就是说吸引消费者的卖点在哪里，我们如何才能找到它们呢？下面我们就一起来了解一下找卖点的几种办法。

1.巧用新闻话题

人们对新鲜有趣的事物都有很大的好奇心。一个社会上的热议话题，总会吸引很多的消费者前来观看。

有人曾经做过一个有趣的测试：一个人在大街上走着，突然很好奇地抬头看向天空时，身边的人就会被他吸引，也看向天空。不一会儿这个人的行为就产生了很大的影响，很多人都跟他一起看着天空。这时，测试人员问其中几个人为什么这样做，他们都回答不知道。

这就是一个新闻话题的吸引力。因此，写文案时，把我们的产品与抓人眼球的新闻话题巧妙地结合起来，便很容易引起消费者的关注。

文案示例：

她用3天，轻松拿到了外企的offer！

五星级酒店飞出英语达人。

他53岁才开始学习英语，成效惊人，引来众多媒体采访。

2.妙用普通话题

人们的生活离不开衣食住行。人们在日常生活中除了关注很多热门话题外，对与自己生活息息相关的话题也很关心。比如一位消费者正在为孩子出国留学的事情忧心，这时我们推出这样的文案："还在为出国留学苦恼吗？××帮你实现留学梦。"就能获得这类消费者的高度关注。

3.趣用修辞手法

将不同事物运用比喻、夸张等修辞手法关联起来，这种新颖的方式往往能够吸引很多的消费者。值得注意的是，这种方法固然很有创意，但是关联的事物必须存在某种联系。如果生硬地将并没有任何联系的事物联系起来，只能适得其反。

文案示例：

来这里学英语，轻松把外教装进口袋！

520情人节大促，白菜价，送大礼。

暑期音乐住宿班，火热报名中。

4.运用有利情境

我们经常使用的一个教育孩子不要撒谎的办法，就是为孩子讲述《狼来了》的故事，这种办法叫作"构造有利情境"。当孩子很难理解为什么不能撒谎时，我们就可以利用故事，给他构建一个撒谎会得到惩罚的情境。

写文案也是如此，当我们很难说服消费者接受产品时，就可以把我们想要表达的卖点放置于一个具体的情境中。这比我们用大量的文字向消费者解释好很多。在综艺节目《奇葩说》里，颜如晶每次辩论时使用的诸如"让我们设身处地去想一想""让我们一起来感受一下这句话"等句子一下子就把观众拉入到某个情境中。

比如著名文案撰稿人戴维·阿伯特在给一个汽车品牌写文案时，为了说明汽车很坚固这个卖点，就构建了一个自己躺在被吊起来的汽车下面的情境。他告诉人们，如果汽车的焊接不坚固，这辆车就会砸到他身上。

怎样勾起他人的好奇心

文案最重要的是能够吸引消费者。在日常生活中，我们见过的绝大多数广告都不能引起我们内心的反应。大多数人完全意识不到广告的存在，这就是文案的失败之处。这样的文案不管文笔多好，产品多优秀，都是毫无意义的。

要想写出优秀的文案，首先我们的文案一定要走心，要能够引起消费者的阅读兴趣，让他对你的文案充满好奇。在生活中，人们可能对与自己无关的东西毫无兴趣。人是好奇心极强的高级动物，因此，能够唤起消费者好奇心的文案，不管产品是否与消费者相关，消费者都会因为好奇心忍不住去看。只要消费者想去看，那么我们的文案就有机会崭露头角。

在消费者购买模型 AIDMA 法则中，人们的购买行为模式可以分为五个阶段：关注（Attention）—兴趣（Interest）—渴望（Desire）—记忆（Memory）—购买（Action）。"兴趣是人们的第一位老师。"如果没有兴趣，那么就算我们的产品再好，消费者也不会购买。所以在消费模式下，人们能关注产品，随之对产品产生兴趣，才是文案首先需要注意的地方。

文案的目的当然是卖产品，但是我们一味地在文案中向消费者强调要购买我们的产品，这样不仅不能让消费者产生购买的欲望，反而弄巧成拙，引起人们的反感。

比如，你觉得下面两种消费者反应，哪一种能够成功地推销产品？

"这个产品挺好的，我知道了，有时间我会了解一下。"

"这个产品真好，可以给我试一下吗？我可以研究一下吗？"

显然，大家都知道消费者的第二种反应就是购买产品的预兆。这就是唤起消费者好奇心的作用。消费者购买产品时，往往不是因为你穷追不舍地哀求，而是在看完文案后发自内心地想去了解这款产品。那些假大空的所谓卖点，并不能唤起消费者的好奇心。文案只有写出产品独具特色的事实，才能勾起人们的好奇心，进而激发人们的购买欲望。

比如马尔克斯的不朽著作《百年孤独》中的一句话：

多年以后，面对行刑队，奥雷里亚诺·布恩迪亚上校将会回想起父亲带他去见识冰块的那个遥远的下午……

这段被无数作家竞相模仿的开场白，成就了《百年孤独》不可替代的地位。人们在读这句话时，会产生很大的好奇心。人们很想知道上校为什么会被行刑，死亡时为什么会想起冰块。这些疑问让人们心里很痒，特别想阅读此书一探究竟，这就是这句话的魔力。

一位顶尖的销售高手曾经说过："每个人都有好奇心，尤其是对自己不了解或者不熟悉的事物会特别关注。"文案其实和书一样，只要能勾起人们的好奇心，让人们迫不及待地想要了解产品，那么我们写作文案的目的就达到了。

下面就给大家介绍几种勾起消费者好奇心的有效方法。

1. 抓住细节

"细节决定成败。"在写文案之前不妨想想，我们的产品有哪些比较好的细节，然后尝试把这些细节写得饱满而有趣，以此引发消费者强烈的好奇心，相信我们就会有不一样的收获。

比如，北京星河湾的一则广告：

一夜之间，北京的井盖全消失了。

消失了，什么都没有了，那些与井盖相关的记忆全失去了，没有人再感怀失去井盖以后那吞噬人的咳人的洞口了。清静的夜晚，也再听不到汽车压井盖时发出的难听巨响了。

......

北京星河湾，比常规道路降噪80%的特殊工艺，出于一套复杂的技术支持，出于一个朴素单纯的愿望。

星河湾——开创中国居住的全成品时代。

这是北京一处楼盘的销售广告。在这则文案里，丝毫找不到我们经常看到的高贵、奢华的广告词。相反，它只讲了一个细节，并用这个细节唤起了人们的好奇心。大部分人看到这则广告时，都会好奇，并产生一系列疑问："井盖为什么没有了？""井盖去哪儿了？"然后抱有强大的好奇心想要读完广告，这就是这篇文案的成功之处。

2. 制造故事

远古时期，人们就围在篝火旁讲故事。人类的文明，其实就是从一个一个传奇而神秘的故事开始的。市场上的产品都是为了满足人们的需求而制造出来的，而每个产品的创始人都有自己的一段心路历程。有些时候，在文案中把这些故事讲给消费者听，消费者会更乐于为这些令人感动的故事买单。

比如锤子手机的创始人罗永浩在发布会上说："我不是为了输赢，我就是认真。"就是这样一句话，打动了无数消费者的心。其实，这句话就是罗永浩的故事。这句话比锤子手机所有的广告语都动人，它更能唤起消费者的兴趣和共鸣。

再如奥妙的一则文案："也许，这是一个最遗憾的童年……"洗衣粉、洗衣液的受众一般都是家庭主妇，而家庭主妇最头疼的事情莫过于孩子那些脏兮兮、怎么都洗不干净的衣服，所以她们一般都限制孩子肆意地玩耍。而奥妙就是利用家庭主妇这样的心理，告诉她们一个孩子不能有一个快乐的童年是一件多么遗憾的事情。所以很多家庭主妇就被这个既可以还孩子一个快乐童年，自己也不必为洗衣烦恼的洗衣粉"吸粉"了。可见奥妙这个故事讲得很成功。

3.展现利益

消费者购买产品更看重的是这款产品能给自己带来什么好处。我们在文案中挖掘产品特性的目的，就是为消费者展现产品清晰而具体的特性。显而易见的特性更能让人们产生好奇心，忍不住去探究这款产品独具一格的优势。

比如下面几则文案：

保护电器，保护人。（公牛电器文案）

回甘，就像现泡。（茶里王饮料文案）

瘦鞋型，显脚小。（某雪地靴文案）

三棵树，马上住。（某油漆文案）

优秀的文案能够利用消费者的好奇心，不仅可以让消费者心动，而且能让消费者想要马上购买。如果你的文案成功地引起了消费者的好奇心，那么下一个成功的就是你！

给他一个购买的理由

文案无法创造人们购买商品的欲望，只能唤起原本就存在于人们心中的梦想、希望、焦虑或渴望，然后将人们原本就存在的这些心理导向特定商品。

文案的目的就是让消费者迅速行动，让消费者可以掏钱购买产品。人们在做一件事情时总会带有动机——旅游的动机是享受美景；工作的动机是挣钱养家；化妆的动机是展现更好的自己。如果想让消费者购买产品，就必须给消费者一个动机，也就是购买产品的理由。

人们的所有行为，都离不开七大动机，而这些动机就是我们为消费者制造的不得不购买的理由。

第一个理由就是寻找安全感。人天生是一种缺乏安全感的动物，害怕失去，这就是人们喜欢存钱、喜欢买保险的原因。如果我们的文案可以给消费者一种安全感，让他们觉得没有风险，那么消费者就乐于购买产品。

比如某儿童专用滚筒洗衣机的一则文案：

你还在担心宝贝的皮肤出现问题吗？那就从洗净宝贝的衣服开始！

宝贝在日常环境中会接触到很多隐藏的细菌，定期对贴身衣物、被褥进行高温煮洗很有必要。95摄氏度高温煮洗，专业级宝贝衣物洁净方式。本产品专业级洗护，为宝贝增加一层天然保护罩。

儿童的安全向来是父母最担心的问题。这个品牌的洗衣机就抓住了父母对孩子缺乏安全感的心理，给出了一个让父母使用儿童洗衣机代替手洗或者普通洗衣机的理由。为了不让宝贝的皮肤遭受伤害，大部分父母都抵抗不了这样的理由。

第二个购买的理由是钱财。"钱不是万能的，但没有钱是万万不能的。"人们的衣食住行都离不开钱，所以跟钱有关也是人们购买产品的重要理由之一。如果我们的产品能够帮助消费者赚钱或者省钱，消费者就愿意为这种产品买单。

比如蚂蚁金服推出一组"只和你谈钱"的文案：

不喜欢谈钱，但也想多赚一点。

我信钱生钱，我信眼见为实。

钱我不想管，但不能不管。

更多收益是好的，但我不信道听途说。

第三个购买的理由是浪漫。其实在每个人心里都有浪漫因子。不管工作狂，还是潇洒派，他们内心都有着对浪漫场景的幻想。我们去旅游，去拍婚纱照，去买鲜花，都是在追求浪漫。人们总是喜欢新鲜的事物，总想尝试不一样的体验。

文案示例：

嗨，你草莓味的少女心掉了。

你是喜欢粉红色的，你还喜欢迪士尼的公主电影，喜欢永远都夹不到的娃娃机，喜欢一大篮的莓果、巧克力。他知道你工作忙，总是"压力胖"，容易小感冒。所以，他给你准备了能改善肠道，提升免疫力的益生菌。帮助你小腹平平，每天有活力。

（某品牌酸奶文案）

第四个让消费者无法拒绝的购买理由是认可。如果我们的产品能够得到消费者的认可，让消费者看到文案后赞美我们的产品，那么消费者就会购买我们的产品。

文案示例：

我能经得住多大诋毁，就能担得起多少赞美。（诺基亚文案）

十年，三亿人的账单算得清，美好的改变算不清。（支付宝文案）

不是现实支撑了你的梦想，而是梦想支撑了你的现实。（北大招生宣传文案）

第五个购买理由是责任。社会上每个人都有不同的角色，不管父母、孩子，还是老板、员工，每个人都有自己的责任。在文案中，我们如果能激发消费者的责任感，让消费者觉得自己购买我们的产品是一种责任的体现，那么消费者很容易受到责任和使命的驱使，立刻购买产品。

第六个理由是虚荣心。人天生就有很强烈的虚荣心，所有人都希望体面一些。某些奢侈品的出现，其实从根本上来说，就是为了满足人们的虚荣心。当我们的文案恰好迎合了消费者的虚荣心时，那么消费者就很愿意为自己的面子买单。

文案示例：

熬夜的女孩子成绩不会太差，通常是眼袋大。（某面膜文案）

衣服能换新的，生活也能。（某服装品牌文案）

用最贵的眼霜，熬最晚的夜。（某眼霜文案）

第七个理由，也是人类最原始的购买动机：爱。爱其实是最广泛的一种购买动机：父母爱孩子，就愿意给孩子最好的礼物；夫妻爱彼此，就愿意花钱来换取对方的开心。我们写文案时，多从这些角度出发，也是让消费者购买产品的一大利器。

比如以下几个文案：

很爱很爱你，只有让你喜欢的在购物车里，我才安心。（某礼品文案）

这个世界，总有人偷偷爱着你。（999感冒灵文案）

我的眼里只有你。（娃哈哈纯净水文案）

如果我们的文案可以给消费者提供充分的购买理由，消费者就会有购买产品的欲望，就愿意为这些产品买单。因此，文案不仅要写得出彩，还要让消费者觉得我们的产品值得购买。

那些燃到爆的耐克文案

运动界的文案奇迹非耐克莫属，耐克用热血的文字燃烧了无数人的心。耐克文案的主题向来都让人热血沸腾，耐克也正是凭借这种优势一直在运动界保持至高无上的地位。作为一名文案撰稿人，你可能不了解文案界的知名人物，但你肯定知道耐克那些燃到爆的文案。

多年前，耐克的一句"Just do it"传遍了整个世界。这句既简单又口语化的文案成了经典之作。据说这句文案是缘于波特兰广告公司的丹·威登。他很欣赏耐克"说做就做"的精神，便对耐克的员工说："你的耐克伙伴，我只选择它！"于是，这句经典文案就诞生了。

这句文案传遍世界后，每个人对"Just do it"有不同的见解。对于消费者来说，这句是"我就选择它"的意思；对于商家来说，就是"我来试试"的意思。这句文案发展到现在有了更丰富的解释，比如"想做就做""坚持不懈""不多说，尽管做"等。总之，这句文案在很大程度上成就了耐克这个品牌。

2012年，耐克的文案与体育界强强联手，记录了体育运动员的每一次行动，用一直不变的热血文字不断刷新沸腾的世界，写出了"活出你的伟大"一系列文案。

当女子网球单打运动员李娜首轮出局时，耐克写出了"伟大的反义词不是失败，而是不去拼"；当叶诗文获得女子400米混合泳决赛金牌时，耐克又推出了"伟大，与经验无关"的文案；当吴敏霞、何姿夺得女子双人3米板的金牌时，耐克写道："再没有悬念的伟大，也是靠努力得来。"

耐克的这一系列文案，针对体育明星的每一次失败和成功，写出了或是激励或是赞赏等精彩纷呈的文案。耐克的文案用自己独特的态度成功赢得众人的喝彩，成为人们一直信赖和支持的品牌。

2013年7月，耐克又推出一组"出来出来"的创意海报。它用一组创意文案鼓励年轻人在晚上出来运动。很多年轻人在看到这组文案后，都迫不及待地穿上运动鞋，然后赶紧出去运动。

下面就是其中一组海报的文案：

夜晚降临，一天开始。没有汽车来抢道，也没有燥热和喧嚣。月光为你开路，城市等你去颠覆。今晚没有时间要赶，加时赛能比到天亮。出来！出来！在哪都出来！天亮之前，没人会对你说不可以。

年轻人每天都忙于工作，晚上下班回家后是唯一的放松时刻。大家普遍选择的方式就是玩手机消磨时光。长此以往，年轻人的身体总会出现各种各样的小病痛。耐克这组"出来出来"文案，燃起了年轻人运动的欲望，不但迎合了充满活力的年轻人，还增加了自己产品的销量。

同年 12 月，科比复出，耐克又抓住商机，迅速发表了一组文案：

他不必再搏一枚总冠军戒指；他不必再打破 30000 分纪录后还拼上一切；他不必连续 9 场比赛都独揽 40 多分；他不必连全明星赛总得分也独占鳌头……即使科比已不必再向世人证明什么，他也必定要卷土重来。

耐克的文案一直都很人性化，它的文案不会片面地去介绍自己的产品。我们在耐克的文案中看不到一点关于耐克的产品介绍，仿佛耐克的文案就是在写明星的生活。耐克品牌之所以得到世界的认可，也正是因为这一点。

耐克的文案总是让人感到热血沸腾。它为明星写的每一个字好像就是明星的人生箴言。人们都不喜欢外界强加给自己的事物，只有在潜移默化中影响人们的东西才最博人眼球。耐克就是通过向人们灌输自己的观念，从而在不知不觉中成了人们钟爱的品牌。

2014 年，李娜在澳洲获得她第二个大满贯女单冠军后，耐克写道"不忘记天高地厚，怎么能到达新的高度""心敢比天高"。短短的两句话描述了李娜的光辉成就。同年 9 月，李娜退役，结束了 15 年的网球生涯。耐克又发布了新文案："要做就做出头鸟。""敢出头的鸟才配飞更远，向飞翔了 15 年的出头鸟致敬。"

耐克的文案从未让人们失望过。它的每句文案不仅仅是产品的推销，更是每位体育健儿成长历程的见证。2015 年刘翔告别体坛后，耐克的文案更是标新立异。它用刘翔的不同器官作为切入点，做出了一组"平凡也能飞翔"的文案。

这只眼睛爱看漫画和电影，但它更想看到中国人的田径新世界纪录。

这颗心脏也会在紧张时乱跳，但每一次踏上跑道，那份挚爱总会让它跳得更快。

这就是条普通的跟腱，用太多也会受伤，但它敢无视所有借口，忍住伤痛再赢回尊严。

这只脚享受坐在湖边踢水的悠闲，但最痛快的还是把 60 多个冠军都甩在身后。

……

刘翔的退役在 2015 年成为社会热点，网络上关于刘翔的话题数不胜数。耐克在这时另辟蹊径，推出了这组"平凡也能飞翔"的文案，人们看到后都为之惊叹。

2017 年 NBA 总决赛期间，耐克推出"无视流言，实力回击"系列文案，迅速成为网络热点。人们被耐克的霸气文案折服。很多人都认为在球场上总会遇到对手，但是耐克在运动界没有一个对手。

他们说"没戏了"。

他们说"他无法一锤定音"。

他们说"超巨只会单打独斗"。

不知道我的名字，我会让你记住我的样子。

耐克不同于其他运动品牌，没有用商业的法则来叙述体育，而是用体育的原则来践行商业。耐克用有穿透力的文字，记录体育场上的每一刻，有胜利者傲视群雄的姿态，也有为失败者送上的赞赏。

第三章 精准表达：写出吸引人的文案

寻找一个巧妙的切入点

"横看成岭侧成峰。"生活中每个人看待事物的角度都有所不同，造成这种现象的原因就是每个人的切入点不一样。写文案也是如此。同一种产品，由于切入点不同，可以写出很多种文案。

切入点就是文案的灵魂，文案如果没有切入点，就失去了灵魂。如果我们的文案找不到切入点，就只能变成大海中最不起眼的一粟。比如当别人用"在妈妈肚子里住了九个月，是我们永远还不起的房租"来表达母爱时，你只能用"妈妈，你辛苦了"来推销产品。

在营销战场中，没有切入点的文案就像没有开刃的武器，无法击退与之竞争的敌人，也无法戳中人心，让消费者心甘情愿为之买单。在写文案时，如果不想让我们的文案被消费者忽视，就一定要有自己的切入点，让自己的文案不平凡。只有这样，消费者才可以看到我们的产品并不简单，并愿意为我们的产品买单。

文案写作的切入点可以分为两大类：热点和非热点。

1. 热点话题，要如何找切入点

社会上的热点话题总是最能吸引消费者的注意，但是热点话题的最大忌讳就是所有的文案都千篇一律，切入点都一样。当一个热点事件发生时，如果我们能在 8 小时之内写出优秀的文案，那么文案传播速度就会很快。如果我们在热点事件发生 24 小时之后再去写文案，那么写出来的文案大多会淹没其中，很难起到宣传作用。

要想写出有特点、有创意的文案，我们就要从不同的角度思考问题。面对同一热点，其实各大广告媒体拼的不仅仅是速度，更是创意。这时候谁的点子独特，谁的文案就有可能取胜。

比如沸沸扬扬的某明星离婚事件。很多文案撰稿人看到的都是如何批评婚姻中的不忠者，观点如出一辙，没有新意。其实，这件事情我们可以从不同的切入点去看待。

举几个例子：

男人要怎样管理自己的钱？

婚姻的正确抉择

怎么一眼看人品？

从理财、婚姻、人品等多个角度挖掘热点，在千篇一律的话题中就能脱颖而出。如果我们的文案和其他文案没有很大的区别，不能展现独特的价值，那么消费者读多了就会觉得很无聊。不是任何热点都可以帮助我们的文案脱颖而出，最重要的是我们要有别具匠心的新意。

写热点事件的文案，并不是拥有足够的八卦心态才可以成为王者，有时候我们还可以找一些励志、充满正能量、有关个人成长的内容来填充文案。

比如在介绍"80 岁的中国少年王德顺"时，我们就可以从下面几个切入点入手：

你30岁就在感叹时间太晚，但是他却在44岁才开始学英语。

害怕当众演讲，79岁走T台的少年告诉你什么叫勇敢。

50岁开始健身，57岁成为"活雕塑"，65岁骑马，70岁练成腹肌。健身，你还在等什么？

写关于热点话题的文案，最重要的就是切入点要有新鲜感。在互联网时代，信息的传播速度非常快。如果你既不能抢占先机，又没有自己的创意，那么这个时代的你，注定是落伍的那个。

2.非热点话题怎样找切入点

（1）打动自己。

很多文案撰稿人写文案仅仅是为了写而写，文案大部分都是从网络上复制粘贴得来的。这样的文案味同嚼蜡，根本无法触动人心。当我们写文案时，如果没有自己的真情实感，文案是没有人想看的。

写文案时，只有我们自己先投入感情，让我们的文字先打动自己，我们才能打动消费者。只有打动我们自己的文案，才能够激起消费者的共鸣，让消费者和我们站在同一战线上。

比如母亲节的几则文案：

世上最美好的事是，我已经长大，你还没变老。

不仅想要成为妈妈的小棉袄，还要做妈妈的防弹衣。

只有妈妈和孩子真正分享过心跳。

（2）燃烧热血。

《超级演说家》节目中崔万志用一场演讲《不抱怨，靠自己》，点燃了无数年轻人的激情，在网络上获得了8亿次的点击量，这就是将励志成功宣扬的代表。虽然这些年人们越来越反感心灵鸡汤，但总有一些很热血的鸡汤，点燃了无数追梦者的雄心。

比如耐克的文案一直被人们认为是最热血的文案，例如"伟大，无须给别人答案""谁敢去闯？谁敢去跌？"等文案，总能让人读完拍案叫绝。耐克的文案，真的是把"热血"这个切入点做到了极致。

（3）消费者需求。

所有的文案都是为消费者服务的，产品的受众人群就确定了文案的切入点。如果我们不知道消费者是哪个年龄段的人，不知道每个年龄段的人都有哪些需求，又何谈成功地取悦消费者，赢得他们的欢心呢？要想写出消费者真正需要的文案，我们就要用心去观察消费者。

不同年龄段的消费者有不同的需求，他们的关注点也大相径庭。比如20岁左右的人喜欢玩；25岁左右的人更关注工作；30至40岁的人致力于赚钱养家；50岁左右的人对养生很感兴趣。我们写文案就要针对不同的人群，选择不同的切入点。对症下药，才能满足消费者的需求。

针对不同年龄段的人群，我们的文案切入点可以这样设置：对年轻人群，我们要写有趣好玩的文案；对看重工作的人群，我们要写对他们事业有帮助的文案；对老年人群，我们要写分享延年益寿经验的文案。

好看的皮囊千千万，人们之所以喜欢万里挑一的有趣灵魂，就是因为越是与众不同，越能带来不一样的体验。缺乏"有趣灵魂"的文案终究只能被遗忘，只有切入点独特的文案才能吸引消费者的目光。

吸引眼球的标题

人如其名。一个好的名字，往往寄托着父辈甚至祖辈对后代的期望。有的人名还能体现出这个人的性格与为人，比如钱钟书、沈从文……中国人向来很重视取名字这件事，人们认为名字是一个人很重要的标志。其实，不仅仅是我们的姓名很重要，在营销中给文案拟一个很好的标题，对文案来说也是非常重要的事情。

一个好的标题是成功的一半。我们想要自己的文案大放异彩，在众多的文案中脱颖而出，首先要为我们的文案拟定一个出彩的标题。文案是为了吸引消费者，那么写一篇优秀的文案就要从一个吸引眼球的标题开始。

但一个好标题并不代表就是华丽辞藻的罗列。好的标题重在能够满足消费者的需求，与企业的形象相符。这就要求我们在写标题时，要充分了解消费者的需求，写出消费者想要的文案标题才是最重要的。

比如添柏岚鞋子的文案标题：

踢不烂，用一辈子去完成

2016 年，添柏岚的这则文案在网络上大火。添柏岚凭借这则文案在当年淘宝的"双 11"创下了非常好的销售成绩。这则文案之所以出彩，离不开它独特的标题。

人们穿鞋子最担心的就是质量问题。添柏岚的文案标题开门见山，用"踢不烂"来诠释自己鞋子的质量，满足了消费者的好奇心。再加上"用一辈子去完成"就足够让消费者看到企业的用心和专注。这就是添柏岚的这则文案虽然已经时隔多年，但还是让人念念不忘的原因。

信息化时代，所有东西都在以日新月异的速度不断改变。在这样的社会中，营销很大一部分拼的都是创新。在文案创作中，我们经常发现的一个问题：我们总会在后来写的标题中发现第一个标题的影子。这就是标题创新性的丧失。

定式思维往往让标题局限在一种套路中。这就是我们的文案标题总是一般，没有新意的原因。优秀的标题千千万，学会发散思维，有创新性的文案标题就会浮现于我们眼前。

比如，小肥羊的文案标题：

我们很快就熟了

2018 年，小肥羊的文案标题"我们很快就熟了"就是一种创新的体现。小肥羊用一语双关的修辞手法，给消费者眼前一亮的感觉。一来，中国向来是一个将食物和情感紧密联系在一起的国家。中国人常常因为一顿饭，结识一个人。"我们很快就熟了"表现的是中国人热于交际。二来，"我们很快就熟了"也表明小肥羊的肉质鲜嫩，很快就熟了。当代人的生活节奏随着经济的高速发展不断加快，小肥羊的这则文案正迎合了人们的生活状态。

小肥羊的这则文案发布后，获得了 1493.3 万次点击，并且引发了消费者十分热烈的讨论。小肥羊如此新颖、有创意的文案标题，成功塑造了品牌形象，得到了很好的传播效果。

再如，慕思床垫的一则文案标题：

今晚睡好一点

这则文案标题并没有采用很华丽的词语，反而一反常态由简单的生活现象入手，让人们在眼花缭乱的标题中获得了新鲜感。

现代人白天都处于高度紧张的工作状态，导致晚上躺在床上时，一时间很难把紧张的心态松懈下来。慕思用"今晚睡好一点"，引起了众多消费者的共鸣，让消费者产生了自己最需要的就是这张床垫的欲望。这种富有创意的文案标题，在一瞬间抓住了人们的痛点。

优秀的标题必须能够营造一种形象的场境。标题要能反映企业的信息。只有消费者在标题中看到了企业独有的元素，才能加深对这个企业的印象。

比如一家甜品店推出的文案，选用了这样的标题：

满满的甜，品味记忆中的美

甜品的产品特点就是甜。这家甜品店的文案标题不仅紧扣甜品的特点，还把人生与甜品进行了完美的结合。

记忆是人们经常留恋的东西，经过岁月沉淀的往事总是甜美的，让人无法忘怀。消费者看到这样的标题很容易被带入情境之中，去品味那些如甜品般甜蜜的回忆。这就与这家甜品店的品牌建立了感情共鸣，成功在消费者心中留下了深刻的印象。

再来看一则婚恋网站的文案标题：

两个人的浪漫，胜过千万人的狂欢

这也是一个比较经典的感性共鸣的例子，是某年"双11"婚恋网站世纪佳缘推出的文案。这则文案标题巧妙地结合了"双11""购物""狂欢""光棍节"等元素，戳中了人们的痛点。

由于工作压力大，很多年轻人无暇社交，越来越多的年轻人开始为另一半发愁。在"双11"这个疯狂购物的日子里，两个人小小的浪漫就更显得弥足珍贵。世纪佳缘就是通过消费者这种心理，给消费者营造了一种浪漫气氛。

任何企业营销的第一步，就是抓住消费者的眼球。文案作为推销的一种工具，就是抓住消费者眼球最有力的武器。文案在网络上出现的频率是一个很大的问题，发多了怕引起消费者反感，发少了又怕被消费者遗忘。所以，只有满足消费者的真正需求，写到消费者的心坎里，让消费者看一眼就可以记住，才能达到推销产品的目的。

俗语说："题好一半文。"文案标题能不能写好是一篇文案最关键的地方。要想吸引消费者，就要从一个好标题开始。只要在文案标题上抓住消费者的眼球，就能很快抓住消费者的心。有时候能够让消费者掏腰包的，并非精彩绝伦的文案内容，而很有可能正是文案标题中短短的几个字。

八种优秀文案标题格式

广告大师大卫·奥格威曾说："标题在大部分广告中，都是最重要的元素。标题能够决定消费者会不会看这则广告。一般来说，读标题的人是读内容的人的四倍。也就是说，你所写标题的价值将是整个广告预算的80%。"

标题给消费者的第一印象几乎直接决定了是否购买产品。在文案中，如何给消费者留下一个完美的第一印象，这取决于我们的文案标题。如果我们的文案标题不能在一瞬间抓住消费者的眼球，那么我们的文案就面临着石沉大海、杳无音信的命运。

很多文案撰稿人在写文案标题时总会有这样的苦恼：感觉自己写的文案总是一般，不能让广告主满意。其实，要写出优秀的文案标题并没有那么难。优秀的文案标题也有一定的规律。一般来说，优秀的文案标题格式有八种。

1.悬念式标题

人类是一种好奇心极强的生物，大多数人都无法抵抗作祟的好奇心。所以我们写文案标题时可以设置一些悬念，从而激发消费者的好奇心。悬念式标题可以让消费者第一眼就被吸引，忍不住想要点进去一探究竟。

这类文案标题的写作角度可以从三方面入手：一是利用消费者未知的维度；二是提出不符合常理的观点；三是运用不按常规出牌的套路。从这些角度出发的文案标题，一般很容易就能让消费者产生好奇心。

文案示例：

为什么女神总爱宅在家里？

女神都渴望拥有八只手

癞蛤蟆吃到天鹅肉，只因这一点

2.热点式标题

新鲜的热点新闻总能让消费者快速注意到。结合最新的热点事件写出的文案标题，不但具有时效性，而且还能吸引消费者的注意力，从而提高文案的点击率和转发率。写热点式标题需要注意的一点就是，我们对热点事件要有自己的态度，并且文案内容要与标题贴合，尽量不做标题党。

文案示例：

一猴更比一猴丑，我们输啦

六小龄童：只要春晚需要我随叫随到

《太子妃升职记》世上最穷剧组，却让人欲罢不能

3. 对比式标题

经典的对比式标题，总能在一瞬间戳中人心。通过对比，不仅能吸引消费者的目光，而且消费者在情绪上产生的波动能够增加我们与消费者的互动机会。这样的标题最重要的是找好与之对比的参照物。

对比式标题主要依据的是两种事物在某方面的差异。我们将两种事物进行对比时可以从多种角度出发，比如利用数字对比，违背常识的冲突，明显的矛盾对比等。在对比基础上，我们还可以适当地使用夸张手法。

文案示例：

月薪四千与月薪四万的文案有什么区别

还在天天上班？别人都是躺着赚钱的

4. 危机式标题

我们要学会在文案标题中制造一种危机感，扩大不买产品会给消费者带来的不利面和影响，这样消费者就会产生危机意识，从而产生"现在不买，将来一定后悔"的心理。制造危机感，巧妙借用消费者未雨绸缪的心态，是写出优秀文案标题的秘诀之一。

文案示例：

不懂恋爱法则，那你只能做一辈子单身狗

95% 的人都忽略了这几种致癌食物

5. 疑问式标题

疑问式标题是最常见的一种文案标题。这种文案标题的最大特点就是从消费者的角度出发，仔细考虑消费者现在需要的产品，进而帮助消费者提出疑问。这种文案标题很容易引起消费者的好奇心，激发消费者的阅读兴趣。

疑问式标题旨在帮助消费者解决问题，这就要求我们充分分析消费者最需要的产品是什么。这类标题经常使用的是"怎么样""为什么""如何"等

疑问词，很容易与消费者产生心灵上的碰撞。

文案示例：

新手文案人经常遇到哪些问题？

如何做一个有气质的女神？

为什么成绩总提高不了？

6. 权威式标题

不管哪个领域，都有很多权威专家。这些权威专家说的话，总能轻易地让消费者信服。在文案写作时，巧妙地运用名人效应，是能够快速吸引众多消费者的最佳方法之一。权威式标题不仅可以增加文案的点击量，还能提高我们产品的知名度和信誉度。

文案示例：

董宇辉教你 20 个词汇，不懂你就落伍了

马云看到都被震惊的视频到底什么样

小米投资人谈创业

7. 私密式标题

私密的话题很少公开，人们对这种私密话题总是好奇心满满。媒体在传播新闻时，经常用私密话题来吸引人们的注意力。这类文案标题一般具有很强的时效性，能够引起消费者的强烈欲望，但是需要注意的是这类标题一定要有新鲜感。

文案示例：

双 11 天文数字的背后故事

马云被拒的辛酸历程

×× 女神那些事，知道两点算我输

8. 代入式标题

想做到感同身受，往往是很难的一件事情，这也是很多文案打动不了消费者的原因。要想说到消费者心里去，就要把话说在点上。只有消费者看到

我们的文案，内心产生"这说的不就是我吗？"这种感觉，这则文案就成功地让消费者产生了代入感。

文案示例：

我还年轻，让我再穷一会儿

比你有钱、比你帅的华尔街精英

别人家的公司开的才是年会

文案千千万，能卖出产品的文案才是好文案。而好文案的标配就是一个好的标题。这些文案标题的花样写法，你学会了吗？

博人眼球的标题的写作流程

一则文案，如果标题写得好，就可以说成功了一多半。再厉害的文案高手，也无法挽救一篇标题太差的文案。在各类网站、资讯头条或者微信公众号上，我们看到的文案标题大多都是平铺直叙，没有新意。这几乎是所有文案撰稿人的致命弱点。

大多数文案撰稿人平时写文案标题时都是抱着一堆的产品资料，在罗列的产品卖点和优惠政策中千挑万选，整合自己认为最重要的信息，进而加以简化，就形成了我们看到的那些"相貌平平"的文案标题。

文案大师罗伯特·布莱曾说过："无论哪种广告，都取决于消费者的第一印象。"要想吸引消费者眼球，文案标题肩负着第一使命。如果我们想写出一个好的文案标题，首先要了解什么样的标题才能博人眼球。

1. 有吸引力的标题

一般来说，能够吸引消费者，成功地激发消费者购买欲望的文案标题大致分为三种：一是能够给消费者带来好处，能够提供有价值信息的标题，比如"5分钟教你制作爱心早餐"；二是能够更新消费者认知的标题，这类标题提供的消息往往可以让消费者产生好奇心，比如"新影片教你做优雅女神"；三是能够调动消费者的某种情绪，可以让消费者产生共鸣的标题，比如针对单身人士的"你又被逼婚了吗"。

2. 有针对性的标题

一篇文案很难满足所有的消费者，因为不同的人群之间存在着很大的需求差异。比如，妈妈最在意的是孩子的健康；上班族最关心的是怎样赚更多的钱；老人最担心的是自己的养老问题等。因此一般有针对性的标题更能讨目标人群的欢心，所以我们在写标题时最好筛选出目标消费者，写出有针对性的标题。

3. 完整性的标题

文案大师大卫·奥格威认为，约80%的消费者并不关心文案内容，他们只看文案标题。鉴于此观点，我们的文案标题就要做到具有完整性，可以把产品信息在几个字之内陈述得比较具体完整，让消费者不阅读文案正文，也可以知道文章的大致内容。

比如格力电器的文案标题：

格力，致力核心科技

4. 有引导性的标题

约瑟夫·休格曼在《文案训练手册》中写道："一个广告的所有元素都只有一个目的，就是让消费者阅读文案的第一句话。"休格曼认为，成功的文案标题具有引导性，一旦消费者阅读了第一句话，那么他必定会被文案引导着去看第二句话。以此类推，我们的整篇文案就可以得到推广。标题作为文案的第一句话，要想达到与消费者沟通的目的，并且说服消费者去购买我们的产品，就要有一定的引导性。

比如奥妙的一则文案标题：

也许，这是一个最遗憾的童年

分析完博人眼球的文案标题类型，我们就基本掌握了文案标题的写作方向。接下来，我们就一起探究一下博人眼球的标题的具体写作流程。

第一步，确定主题。

写标题的第一步就是要确定文案主题，简单来说就是我们写文案的目的是什么，要向消费者传递什么信息。只有记住我们写文案的最初目的，我们才能正确引导消费者购买产品。

第二步，自问自答。

确定主题后，我们可以通过一些开放式的问题进行自问自答。比如我们的产品有什么特色？或者卖点是什么？我们的目标消费者是谁？我们可以向消费者传递什么价值？等等。通过自问自答的方式，有利于我们快速找到目标群体及群体的真正需求，进而写出有价值的标题。

第三步，确定类型。

当我们确定好产品卖点后，就要考虑以何种方式把产品卖点展现给消费者。在前面我们介绍了八种优秀文案标题的格式，在确定标题类型时既可以选择其中一种类型，也可以将几种类型的标题组合在一起。我们选择标题类型的标准，是能够赢得消费者的欢心，可以抓住消费者的眼球。

第四步，列出清单。

确定标题类型之后，就确立了标题的方向。此时我们可以拿出一张纸，列出与主题相关的所有词汇，然后把这些词汇进行整合。比如针对如何写好文案标题这一题目，我们就可以列出"眼球、技巧、秘诀"等词语。

第五步，打磨标题。

"玉不琢，不成器。"写好一个标题并不代表大功告成。优秀的文案标题是经过检验和反复打磨的。当写好一个标题后，我们首先要考虑我们的标题是否有效，是否能够成功地吸引消费者。如果不能，我们就需要继续打磨我们的标题。

第六步，不断重复。

奥格威写一个标题至少要重写 16 次。霍普金斯写一个标题至少要花费 2

个小时。优秀的标题一般都需要经过无数次修改和重写。第六步其实就是第五步的延续，其目的就是写出真正有效的标题。

不管什么样的标题，能让消费者感兴趣的标题就是好标题。要想写出优秀的标题，最大的秘诀就是重写、重写、再重写。此外，在生活中，我们要善于积累优秀的标题，建议多抄写和背诵一些优秀标题。那些能够吸引眼球的标题肯定有可取之处，这些就是我们需要学习和借鉴的地方。

如果经过多次尝试后依旧没有好的灵感，就可以暂时搁置起来，我们先给自己的大脑放个假。有时候我们不用刻意去想，反而是突如其来的灵感可能会给我们的文案标题带来不一样的色彩。

世界上没有一步就可以登天的事情，正所谓"一分辛苦一分才"。在平时的训练中，只要我们不断地提高自己，就会很快形成自己的标题写作风格。相信只要用心去写，总有一天我们也可以写出一鸣惊人的文案标题。

生活处处是标题

一个好的文案标题，写的其实是你我的生活。我们写文案标题的最终目的，就是让消费者对我们的文案产生兴趣，从而选择购买我们的产品。所以写好文案标题，除了要有良好的文字表达能力和一定的知识积累之外，还需要了解消费者的生活。

消费者的购买行为，从本质上讲，其实都是源于生活中的需求。比如之前在网络上火爆的一个文案标题"养儿不防老，防晒才防老"，就是根据女生必备的护肤需求想出来的。其实，只要你慢慢去体验，生活中处处都是文案标题。

人们的日常生活无非就是衣食住行，而产品之所以被生产出来，无非就是因为人们有相应的需求。产品来源于生活，文案标题当然也是来源于生活。当你用心观察人们的生活时，就会发现人们的每一个行为都是创作标题的灵感。

首先，"民以食为天"，在食品上我们可以用来写标题的素材数不胜数。人们喜欢在寒冷的冬天围在一起吃火锅，享受热气腾腾的火锅带来的温暖，我们就此可以采用"暖暖的时光"为题，为火锅写一篇文案。

文案示例：

热气腾腾的火锅，带来冬日暖暖的时光（某火锅店文案标题）

中国人的每一餐不仅仅是为了解决温饱，人们更享受的是和身边的人一起享受温情的时光。父母为孩子下厨房是因为爱孩子，夫妻下厨房可以营造甜蜜、享受爱情等，这些日常与食物相关的话题都可以成为我们的标题素材。

文案示例：

南来或北往，只为一人下厨房（应用程序下厨房某则文案标题）

哪里有寒冬，哪里就会有人燃起灶火（应用程序回家吃饭文案标题）

唯有美食与爱不可辜负（应用程序下厨房文案标题）

除了美食以外，对人们比较重要的就是住。有一个温暖的家是所有人的期盼，家向来就是人们最温暖的港湾。一套房子可能承载着父母辛苦多年的血汗，可能装满了全家人的日常温馨；一套家具是每个人用心装饰，享受生活的态度。房子里的一切物品都反映着一个人或者一个家庭浓浓的生活气息。

中国人一直都很看重家庭。在住的方面，我们可以从不同的情感角度去挖掘文案的标题。一间温馨的房子、一套漂亮精致的家具、一条温暖舒适的被子等都是文案标题的灵感来源。

比如下面几则文案：

别让这个城市留下了你的青春，却留不下你（某房地产文案标题）

生活，没有平凡时刻（宜家文案标题）

睡好美容觉，会来的总会来（钱黄蚕丝被文案标题）

远古时代的人们就知道用树叶等自然物品遮蔽风雨，抵御寒冷。随着社会的发展，人们对服装的要求越来越多，服装已经不仅仅是用来遮蔽风雨或者御寒的东西。人们逐渐开始用服装装扮自己，服装随之成为一种时尚的标志。

明星的时尚穿搭总是社会的焦点，性感妖娆的"维密秀"已然成为一种时尚潮流。随着服装延伸的一些装饰品，比如包、鞋子、帽子等物品，都成了人们日常的消费品。这些消费品的出现都是根据人们的不同需求衍生出来的，所以这些也是文案标题可以利用的素材。

文案示例：

男人的衣柜（海澜之家文案标题）

衣服是最动人的语言（某店铺文案标题）

遮挡睡相，让别人看不到（某眼罩文案标题）

一年买两件好衣服是道德的（中兴百货文案标题）

人们最基本的衣食住方面的需求得到满足后，出行也是人们每天的日常需求。上班族为了可以在一个城市里安家，每天不停地为工作奔波。人们为了放松心情或者陶冶情操，也会去不同的城市欣赏不同的风景，或者为了看望一个多年未见的老朋友，跨越千山万水去赴约。

我们每天上班、旅游、出差等行为会涉及各种各样的交通产品，比如汽车、飞机等交通工具。基于此，旅游类的优秀文案标题也比比皆是。

下面举几个相关的例子：

打开车门就是家门（滴滴打车文案标题）

携程在手，说走就走（应用程序携程文案标题）

别赶路，去感受路（沃尔沃文案标题）

此外，除了人们基本的衣食住行以外，人们的精彩生活处处都是素材。比如：

将所有的一言难尽，一饮而尽（某酒水文案）

知己，看见自己（某酒水文案）

愈欣赏，愈懂欣赏（轩尼诗酒文案）

上述文案就是将生活中的情境写入其中，使其能够瞬间打动消费者的心灵。

当我们和两三位知己去逛商场和超市时，可以借鉴超市的文案："长得漂亮是本钱，把钱花得漂亮是本事。"可以欣赏天猫的文案："没人上街，不一定没人逛街。"可以想到淘宝服装的文案："自己要步履不停，我们总会遇见。"

当我们投资理财时，可以带给消费者"一醉不能解千愁，钱能"的诱惑；可以教给消费者"我们的故事从没钱的开始"的理财方法；还可以送给消费者"别把愿望等成遗憾"的希望。

"车到山前必有路，船到桥头自然直。"很多文案撰稿人的思维只是拘泥于办公室那狭小的方格里，每天苦思冥想，为了一个文案标题不得其所。殊不知走出来，走入人们生活的各个角落，你就会发现，每一步都是路，每一步都是灵感。

艺术来源于生活。文案写作从一定程度上来讲，也算一门创新的艺术、表达的艺术。只有认真地去感知生活，你才知道怎样把生活写进文案标题里。其实，我们的文案说是为了推销产品，倒不如说是在谱写生活。假如你笔下的生活足够吸引消费者，那么消费者就愿意为这段美好生活买单。

生活处处是标题，只有去感知，你才知生活中的标题素材写不尽，道不完。

第四章　学会共情：写出有温度的文案

给你的潜在客户画像

在营销中，文案的一大忌讳就是无的放矢。很多文案撰稿人之所以文案总是做得普普通通，被广告主一再指责太过平凡，最大的原因就是他们的文案没有针对性。广告营销的前提基础是能够正确定义受众人群，也就是要做到有的放矢。

确定准确的目标人群，可以让我们的文案发挥真正的价值。任何文案都不可能影响所有人。我们的目的就是抓住产品的潜在客户，为这些潜在客户画像。只有我们充分掌握潜在客户的所有需求，才能对症下药，达到推销的效果。

比如当我们面对高收入、注重品质的人群时，如果我们的文案一再强调价格便宜的卖点，就会引起客户反感。反之，如果我们面对的是低收入人群，我们的文案却过分地追求高端感，也会造成尴尬的局面。

在日常生活中，由于社会、文化、个人等多种因素的影响，导致人们的购买动机和消费观念存在很大的差异。每个人的性格、爱好、兴趣不同，其购买需求也大相径庭。每个人都喜欢量身定制，因为人们都喜欢最适合自己的产品。

1. 社会因素

人们在购买产品时通常会因为自己的家庭、社会角色、社会地位等因素而产生差异。比如公司的 CEO 往往就需要穿名贵的西装、开豪华的汽车，而哺乳期的妈妈则需要柔软舒适的衣服。

2. 文化差异

不同国家或者不同地区的文化各不相同，比如德国人喜欢数字 4，中国人喜欢数字 8。此外，不同的社会阶层也有很大的文化差异，他们的娱乐方式、语言模式都有所差别。

3. 个人因素

年龄、职业、经济环境、自我观念等这些个人因素，都会导致人们产生不一样的消费观念。比如年轻人一般喜欢唱歌、跳舞、蹦迪；老年人更多的是喜欢看报、散步、养生等。

针对不同人群的这些差异，我们要想在大千世界中快速找到我们产品真正的受众人群，就要写出有针对性的文案，直击潜在客户的内心痛点。

早在古代，人们就发明了通过画像寻人的方法。现在，我们也可以运用这种方法找到我们的潜在客户。这里以女性化妆品为例，详细介绍为潜在客户画像的步骤。

第一步，总结产品卖点。

在了解客户需要什么样的产品之前，我们首先需要了解自己的产品有什么样的优势，这样才能更容易从中筛选出能够戳中客户痛点的卖点。

女性化妆品一般主要有以下卖点：美白祛斑；纯天然植物提取，无刺激；补水保湿；呵护皮肤；免费试用；明星推荐；买家案例；权威认证等。这些都可以作为吸引客户的卖点。

第二步，引起情感共鸣。

充分了解我们的产品之后，我们就要思考下面两个问题：一是我们的产品能够帮助客户解决什么问题？二是我们如何让客户产生情感上的共鸣？

针对女性化妆品来说，大多数客户的忧虑就是，自己的皮肤不好，需要保养，但是一些化妆品存在不安全等问题，所以很多客户都怕自己选的化妆品会伤害皮肤。

大多数女性使用化妆品的目的无非是想让自己变得更美，可以在众人面前很体面，或者能吸引异性的注意等。我们的文案可以从这些方面出发，引起客户情感上的共鸣。

第三步，定位目标人群。

了解到客户的真正需求后，我们就可以从多方面寻找我们的潜在客户，准确描述这些客户的具体画像。一般来说，目标客户的定位可以从四个方面入手：自问自答，咨询朋友，用户反馈，借助网络。

一是，自问自答。

自问自答就是我们问自己问题，通过自己的假设来初步判断什么样的人群是我们的潜在客户。我们假设的方向可以从年龄、性格、学历、爱好、工作、经济收入等方面确定。

比如可以问自己："什么样的女人最爱用化妆品？"回答可以是上班族，也可以是处于热恋的女生，或者需要保养的中年女性。

通过这样的自问自答，我们就能大致掌握我们的目标人群，并且了解她们的基本需求。

二是，咨询朋友。

询问身边的朋友，尤其是在我们的产品目标范围内的朋友。多和这些潜在客户沟通，挑选出一些具有普遍性的特点，可以帮助我们精准地定位潜在客户。

三是，用户反馈。

利用用户反馈来判断自己的定位是否准确，产品卖点是否解决了大部分用户的痛点。再者，我们可以进一步了解客户的哪些需求是我们还没有满足的，从而有针对性地修改我们的客户画像。

四是，借助网络。

通过网络上的相关数据分析，掌握我们的潜在客户比较喜欢的产品，搜索潜在客户的购买需求。

第四步，细分人群。

当我们通过一系列方法，筛选出来目标用户的大致属性后，我们基本上就勾画出了潜在客户的轮廓。这时，我们就要根据具体的潜在客户画像，对这些人群进行细分，从而细化我们的产品。

比如针对早出晚归的上班族，设计精简的化妆品，主推类似素颜霜这种比较节省时间的化妆品，以此来解决上班族早上来不及化妆的问题。或者针对怀孕或者哺乳期的女性，主推无刺激、比较温和、不伤皮肤、有效护理的产品。这一卖点足以解决妈妈们担心的安全问题。

第五步，针对性推广。

经过上面四步，我们已经精准地找到了潜在的客户人群。此时，我们就可以分别针对这些客户，拟定具有针对性的文案。当客户看到一篇文案时，一旦产生"这款产品就是为自己量身打造的"感觉，那么我们的文案就大功告成了。

为你的潜在客户画一张像，其实写文案也可以很简单！

让文案深入人心

真正的好创意不是玩文字游戏，而是能够洞察消费者的心理，写出能够打动消费者心灵的文字。在如今产品同质化、生产剩余的大背景下，各个品牌都面临着环境的考验和挑战，仅仅用纯粹的产品功能介绍已经很难打动消费者。要打动消费者，我们的文案就要足够深入人心。

想让文案写得深入人心，可以从以下几个方面着手。

1. 打动顾客的心

文案的文字只有打动顾客的心才能让人回味良久，给顾客留下深刻的印象。实际上，我们的产品只是一个表达的载体，在产品的背后则是文案撰稿人心的把握。

错错错！

几年离索，不容错过。

也许寻觅多年，不得其所；也许心怀顾忌，不敢轻托。

不要在铺天盖地的广告中迷惘，"明珠花园"为你点亮选择的路。

在这里，安居乐业，不容错过！

（上海明珠花园房地产文案）

上海明珠花园这则文案巧妙地改编了陆游和唐婉的《钗头凤》，用诗意的文字为消费者创造了一则优美文案。这样的文案让人读来平添几分家的情怀，不禁让人动容。上海明珠花园这则文案不仅在生活中给了人们一个家，更在人们内心深处营造了一个心灵栖居地。

2015 年，阿原从几米的拥抱开始，诚实面对自我，愿每个心灵都能找到出口。

文明带来巨大的进步，也带来自然的疏离。我们忘记了触摸才是最好的安慰。

大地具有最深的疗愈，她的力量超越人们所能创造的奇迹。

所有发明离不开自然法则的生老病死。

洗是敬，敷是礼，无方而有道，有始而无终。

从药草开始，阿原走一条无心而有为的健康之路。

（阿原肥皂文案）

"一花一世界。"每一个产品背后都蕴含着一个故事。阿原肥皂文案中夹杂着浓烈的个人意识，把卖产品写成了销售文化，成功让消费者对它一见倾心。

所有的写作都是一场触及灵魂的旅行，文案也是如此。文案撰稿人需要用那些直击灵魂的文字来打动消费者。日本有一位"煮饭仙人"，用 50 年的时间去煮一碗白米饭。这就是一个人最执着的匠心。

我们对待文案其实也应该这样，用匠心不断地去研磨我们的文案，为每一个文字注入灵魂，为每一位消费者书写内心的渴望。即使只画了一个圈，我们也可以从不同角度写出深入人心的文案。比如我们可以写快消品的文案："含糖量为零。"可以写教育培训文案："不怕从零开始，就怕从不开始。"可以写旅游应用程序文案："多久没去旅行了？别忘了地球是圆的。"这些文案都可以深入消费者的内心，促成他们的消费行为。

2. 从消费者角度出发

写文案，我们永远不能忘记文案是给消费者看的，要让消费者在最短时间内被我们的产品所吸引。这才是我们文案写作的目的。只有能够直击消费者灵魂深处的文字，才能让消费者产生共鸣，从而成功激发消费者的购买欲望。要想打动消费者，我们就要从消费者的角度看待问题，从消费者的认知出发，去感受消费者的情绪，去探寻消费者内心深处的欲望。

比如小米的平衡车文案中关于时速的描述，并没有使用千篇一律的说法。比如"速度16km/h"小米是这样写的："行走速度的4倍。"小米的这一文案深度挖掘了消费者的内心需求，让消费者第一时间通过行走速度感知到平衡车的时速。

再如教育培训类文案已经淘汰了"如何成为专家"这种写法，而是从消费者的思维角度去考虑，用消费者的内心疑问写文案。比如："为什么你有十年工作经验，却成不了专家？"这样的写法成功地将消费者带入"资历老也不算什么"的情境中，吸引消费者点开文章阅读。

3. 充分认识产品

再者，我们还要充分认识我们的产品。世界上没有两片相同的叶子，我们的产品与竞争对手的产品必定存在一定的差异，而这些差异就是我们用来打动消费者的有力武器。

将自己的产品与竞争产品仔细对比，找出产品的与众不同之处，制订独树一帜的文案策略，确立战略方向，我们的产品才更能吸引消费者。充分了解自己的产品，深知哪个卖点能打败对手，哪个卖点可以让我们的产品遥遥领先，我们的文案才能脱颖而出，才可以在市场上分得一杯羹。

香奈儿流传着一句著名文案："时尚会过去，风格会永存。"在文案中，文字、故事、声音等都可以表达品牌的内涵，但是不一样的表达方式，打造出不一样的品牌。如果我们想让文案吸引人，就要让文案深入消费者的内心，直击消费者内心深处的需求。只有用心与消费者对话，我们才能听到消费者的心里话。

每个词语都是一个故事

诗人贾岛在月下为"僧推月下门"和"僧敲月下门"苦思冥想，最终成就了"僧敲月下门"的至臻境界。王国维认为"云破月来花弄影"中的"弄"字，还有"红杏枝头春意闹"中的"闹"都用得极妙，区区一个字就让整首诗显得十分灵动。

汉字向来很神奇，在一字一词间，蕴含着中国五千年的文化，蕴含着岁月沉淀下来的历史，蕴含着或优美、或壮丽、或忧愁的故事，而词语作为文案最基本的组成元素，也发挥着神奇的作用。

每一篇优秀的文案都象征着一个品牌，而每一个词语都暗含着一个故事。在文案写作中，每一个充满故事的词语就像一瓶神奇的药水，一旦消费者喝下这瓶"药水"，就会被我们的产品所吸引。优秀的文案就是故事与词语完美结合的产物。因而，要写好一篇文案，我们就要用词汇营造出一个打动消费者的故事。

一个修车的小伙子为了追求自己心爱的姑娘，利用自己的职务之便，每天开着同一辆豪车，假装成富豪接送姑娘上下班。这样假装的甜蜜持续了一天又一天，直到这位修车的小伙子不得不把豪车的钥匙还给车主。而就在这时，修车的小伙子才知道原来那个他心爱的姑娘就是豪车的主人。当修车的小伙子把钥匙交给姑娘的那一刻，姑娘和他相视而笑，接着彼此相拥。

这则故事其实是宾利汽车的一则经典文案。相信所有人在看到这个故事时，都被修车小伙子和姑娘之间微妙的爱情吸引了。宾利这则广告就是用爱情故事，成就了一则经典文案。

一个有剧情的文案就像一本浓缩的小说，一个优秀的文案撰稿人可以把文案写得像欧·亨利小说一样精彩。读懂爱情，就能让汽车这个冰冷的交通工具变得有温度，就能让它成为制造甜蜜的道具。

送走了爸妈，还能吃到腊肉炒笋，就觉得自己在北京过得还好。虽然有雾霾，但在楼下闻到蒜薹炒肉的味道，还是会摘下口罩。

一切语言不如回家吃饭。

（应用程序回家吃饭文案）

"回家吃饭"是人们最熟悉的一句话。儿时与玩伴嘻嘻哈哈地游戏，忘记了吃饭时间，远处传来妈妈那句呼喊："回家吃饭。"长大后远离自己的故乡，爸妈做的一菜一饭里散发的家的味道，是多少在外游子忘不了的故乡情。

应用程序回家吃饭就利用这句话，创造了无数人记忆中的故事，打动了无数消费者的心。"回家吃饭"这个故事很长，长得让人无法遗忘；"回家吃饭"这个故事很暖，暖得让人不肯放下。

记忆是一趟旅行，我们一同上车，却在不同的时间下车。但是，记忆永远都在。（金士顿U盘文案）

记忆是经过岁月沉淀为我们留下的礼物。在记忆中，每一个故事都感人肺腑。在记忆中，所有人都有想要留下的美好瞬间。金士顿利用"记忆"一词，既展现了U盘储存的特点，又很有故事感，很容易引起消费者的共鸣，唤起消费者那些深藏在记忆中的故事。

生命带给你的是一连串的选择。之后，你选择或是不选择都将成为现在的你。但问题是，哪个你？可能糟糕，可能优越，也可能连你自己都意想不到。你可以质问一切，但无论你是否足够强大，足够优秀，所有选择都会把你带到某处。勇敢选择，去你该去的地方。

（美国占边威士忌酒公司）

选择是我们人生的必修课。有人选择平凡，便织就了一个简单恬淡的故事。有人选择冒险，便创造了一个刺激的人生战场。在这里，有无数绚烂夺目的故事上演。总而言之，"选择"的故事讲不完。

美国占边威士忌酒公司用"选择"为我们勾勒了一个勇敢人生的画面。很烈的酒配上一颗勇敢的心，看到这则文案的消费者都是这场故事的主角。美国占边威士忌酒公司用"选择"打造的故事，是不是同样吸引了有故事的你？

她说，情人节提前过，玫瑰花可以多买一点，大餐可以多吃一些；她说，电影院的豪华情侣座没有我的肩膀温暖；她说，我亲手做的礼物，才是全球唯一限量版；她说，有时候和我待在家里，比出门更浪漫。用爱打败不景气，PAYEASY，新女人，新价值。（某女性购物网站文案）

爱是世界上最伟大的奇迹。关于爱的故事数不胜数。丈夫对妻子日常的温情，可以写出很多充满爱的故事。用爱刻画的故事，总能让人读得不厌其烦。毕竟，爱的故事，总是值得在心底珍藏。购物本来是一件商业气息浓重的事情，这家网站却用爱讲述了一个温情故事。没有哪个女性不喜欢爱情，不想被爱情包围。在关于爱的故事里，很多女性总是毫不犹豫地选择轰轰烈烈去爱一场。有关爱的故事，总能让消费者沉醉其中。

每一个词语都能讲述一个故事——"遇见"是一个关于浪漫邂逅的故事；"兄弟"是充满肝胆相照的故事；"回家"是每个人最渴望的故事；"时间"是最宝贵的故事；"梦想"是最励志的故事。每一个故事都很长，每一个故事都很难忘，每一个故事都可以让文案闪耀着光芒。

用心去记录每一个词语的故事，让每个词语都带有温度。有温度的故事总会让每一位消费者情不自禁地停住脚步。写文案并不像我们想象中那么困难，用每一个词语讲出你心里的故事，总有一个情节可以在文案中闪闪发亮。

用一个个词语，讲出你的一串串故事！

真挚的语言最能打动人

亚里士多德曾说："我们无法通过智力去影响别人，情感却能做到这一点。"日常生活中，我们可以通过理性、逻辑来解决问题，但是我们单凭智力很难去影响别人。文案也是如此，真正影响消费者的往往是最真挚的语言，与那些思维缜密的说理并没有多大的关系。

比如，如果我们赞美一个女孩，用"沉鱼落雁""闭月羞花"这些词语很难打动女孩，因为这些词语不够真挚，让人感觉很遥远。但是如果我们说："我情不自禁地笑了，只是因为我看到了你。"这样的语言更能让女孩动心，因为这种发自内心的赞美，让人感觉更加真诚。

文案的最终目的是把我们的产品推销出去。要想达到这个目的，就要让消费者认同我们的观点。要获得消费者的认同，不是靠一些假大空的文字，或是一些文案套路，而是依靠最真挚的语言。

"强扭的瓜不甜。"这是所有人都知道的道理。我们用华丽的文字来装饰文案，是达不到推销目的的。我们真正需要思考的是如何用真挚的语言去打动消费者，让消费者产生共鸣，从而发自内心地想买我们的产品。

中国移动最经典的文案："沟通从'心'开始。"这句文案之所以成为经典，是因为中国移动抓住了重点——"心"。中国移动深知在推销过程中，唯有一颗真挚的心才能打动消费者。所谓"以真心换真心"，就是这个意思。

本公司生产的每个桃子都是经过加州阳光的洗礼，身穿白净制服的女孩仔细分类，再用卫生清洁的机器把桃子装到罐头中，用高温的蒸汽

杀菌，然后再用真空包装送到您家附近，每罐只需要30美分。（美国某罐头公司文案）

这家罐头公司的文案并没有使用华丽的辞藻，而是直接介绍了桃子罐头的生产过程。从桃子的生长到进入消费者的家门，每一步都写得如此真实，不做作，不浮夸。就是这样一段文案出其不意地给公司带来了大量的订单。

比起那些把罐头写得无比高端的公司来讲，这家公司制胜的法宝就在于真挚的语言。消费者在购买食品时，最关心的就是食品安全问题。比起"至臻至纯""口感甘甜"等这些华丽的文字，消费者更关心食品是怎样做出来的，安全卫生工作有没有做到位，所以这家公司用真挚语言展现出来的产品更能让消费者信服。

如果一个和你不熟的人告诉你："这个产品很好，赶紧去买吧！"大部分人都不会相信。但是你的一个好朋友对你说："看你最近腰不好，去买一个按摩器吧，我之前用过的一款特别好。"那么大部分人都会相信。

这是因为大部分人都觉得比起不熟悉的人，朋友的话更真实，更真诚，更容易让人信服。所以，文案的语言不在于用多少技巧和花招，优秀的文案贵在真挚。最真挚的语言往往能够直击人们的痛点，由此拉近了文案和消费者的距离。

比如，同一款399元的护眼台灯，下面两则文案就产生了不一样的效果。

第一则文案是这样写的：

复合白光LED芯片，让光源色温更加温和。白色防护罩和多层过滤柔化，减少对眼睛的刺激。照明范围大，大人、孩子可以共用。

第二则文案则是这样写的：

从小学到高中，12年的寒窗苦读，4380个刻苦的夜晚，我们拿什么来保护孩子的眼睛？家长的每一个决定，都可能影响孩子的一生。在这些奋斗的夜晚里，孩子需要的不是漂亮的衣服，而是一双明亮的眼睛。

看完这两则文案，相信很多人都会毫不犹豫地在第二家公司下单。有不少父母眼睛近视，他们都深知近视的痛苦。自从戴上眼镜后，就给生活带来了许多不便。

父母受过这种痛苦后，肯定不想让孩子也承受这样的痛苦。显然，第二则文案更能让消费者想起自己戴眼镜的痛苦时光，更能戳中消费者的痛点。而第一则文案使用的语言太过官方，就像陌生人硬塞给你的传单，显然是很难吸引消费者的。

王老吉最经典的文案只有简单的七个字："怕上火，喝王老吉。"这几个字看似普通，却贵在真挚。它用人们平常说话的语气，直截了当地说出了自己产品的卖点，让消费者感觉很真诚。这就是王老吉在凉茶市场上销量可观的原因之一。

一名优秀的文案撰稿人的确需要很深厚的文字功底，但文字功底深厚的人并不一定能写出优秀的文案。文案写作，不同于文学写作。华丽的辞藻，过多的修饰，并不是文案取胜的关键。很多文案撰稿人暗自得意的文字技巧得不到消费者的认可，就是因为语言中缺乏一种真挚的感情。

要想成为一名优秀的文案撰稿人，我们需要的是抛却那颗浮躁的心，静下心来慢慢体会生活，感悟生活。在日常生活中，我们需要仔细去研究消费者的心理，用最简单真挚的语言，写出最打动人心的文案，这样的文案才能真正赢得消费者的心。

只有把最真挚的语言讲给消费者听，消费者才愿意用真心去相信。

借段子来助阵

亲爱的观众朋友们，地球不爆炸，我们不放假。宇宙不重启，我们不休息。风里雨里节日里，我们都在这里等着你。没有四季，只有两季。你看就是旺季，你换台就是淡季。

央视主持人在广大观众眼里一直以严谨刻板的风格著称，而主持人朱广权却一改一板一眼的风格，用上面这则段子来做节目的开场白，引起了广大观众的热议。日常生活中太多的条条框框拘束着人们，严谨刻板的画风难免让人产生审美疲劳，所以偶尔给生活加点儿调料，就是给自己找点儿乐子，同时，也能够带给周边的人一种新鲜感。

文案写作也一样，太平凡的文字很难打动消费者。读够了千篇一律的"高贵优雅"，看惯了千人一面的"催泪放送"，消费者的心已经对这些毫无新意的文案产生了抵抗力。这时，不妨用段子来助阵，为我们的文案加点儿料。

人们会传播各种各样的内容，比如传播新闻、文化、观点等。在信息传播过程中，最不受欢迎的一种传播就是广告。广告作为一种传播商业信息的工具，必然脱离不了浓浓的商业气息，所以注定有点儿惹人厌烦。

在这种环境下，文案是很难得到消费者认同的。我们如果想让自己的文案得到消费者的认可，必不可少地就要使用一些技巧。那些广告圈的文案大师，之所以能用文案创造销售奇迹，其中原因之一就是他们也是高超的段子手。

文案大师大卫·奥格威的经典文案："这辆劳斯莱斯以 60 英里的时速行

驶时，最大的噪音来自电子钟。"这和"这个自行车破的，除了铃铛不响，哪儿都响"有着异曲同工之妙。

有人说，把段子放在文案里会拉低整个文案的水平。如果你要是这样认为的话，那只是因为你的段子不够高明。优秀的文案大师其实都是一名优秀的段子手，他们讲的段子总能让消费者读来欲罢不能。

比如哈尔滨啤酒根据热播电视剧《欢乐颂》推出的一系列文案：

我发现要忘记一些做过的蠢事，最好的办法就是想钱。对，你也就只能想一想。

男女关系呀，不是东风压倒西风，就是西风压倒东风。你就一个人喝西北风。

你还有我啊，我养你！只要你在，苦一点我也愿意，苦很多，就算了。

成年人，有什么好吵的呢？喝口哈啤冷静一下，能上手就不上口。

看，这就是高级的段子手玩家。哈尔滨啤酒利用诙谐的段子，给消费者呈现的这一组文案，无疑是一次很成功的营销。所以有时候好的段子也能成就好的文案。

网易云音乐曾在杭州市地铁 1 号线和整个江陵路地铁站，印上了 5000 条用户的优质评论，这一举措把杭州地铁推上了热门。人们看到这些评论纷纷赞叹，原来最会写文案的段子手都在网易云音乐用户里面。

你那么孤独，却说一个人真好；最怕你一生碌碌无为，还说平凡难能可贵。

别人稍一注意你，你就敞开心扉，你觉得这是坦率，其实这是孤独。

祝你们幸福是假的，祝你幸福是真的。

我想做一个能在你葬礼上描述你一生的人。

你那么擅长安慰他人，一定度过了很多自己安慰自己的日子吧。

每一句评论都有一个讲不完的故事，而每一个网易云用户的故事里都藏着很多不为人知的酸甜苦辣。网易云音乐把用户的这些段子作为自己的文案，巧妙地为网易云音乐做了一次营销。有多少看到这些文案的人，心中为那些故事触动，又有多少人因为其中的一句话，爱上了网易云音乐。

讲到这里，有人就会好奇，自己怎样才能成为高明的段子手，用段子为文案锦上添花呢？别急，万事皆有迹可循，写段子也是有技巧可言的。

要想学会写段子，第一个要学会的技能就是塑造语言情境。在我们的生活中，有些语言就像一个通用的密码，有一些特别的含义，并且只在某种特定的环境下使用。一旦我们说出这句话，很多消费者就能自行"脑补"这句话的含义，从而对这句话进行解码。

比如，耐克的经典文案"日复一日"，就很容易让人联想到耐克的经典文案："想做就做。"

第二个技能就是洞察规律。日常生活中，我们总会发现，有一些思维敏捷的人，总能在别人迷茫无助的时刻，一语道破本质，在一瞬间让消费者的头脑变得清澈透明，让人有一种云开雾散的感觉。

比如在回答"怎样才能不被别人骂"这个问题时，就有人回答："你要相信，比你优秀的人是不稀罕骂你的。"简简单单一句话就解开了被骂的人的疑惑，这就是段子手的厉害之处。所以巧妙地利用这个技能，我们的文案就会出彩很多。

文案示例：

自己有房子，才不会嫁给房子。（某房地产文案）

没有房子，就没有妻子。（某房地产文案）

第三个技能就是善于运用比喻句。我们看武侠小说时，总会看到这样的情节：本来一个很平淡无奇的招数，一旦被内力深厚的人使用，就会发挥超出意料的效果。比如"怎样形容别人找你聊天，其实是为了向你要另一个人的联系方式"，段子手的回复可能是这样的："这就好比我们使用 IE 浏览器，其实只是为了下载别的浏览器。"

文案示例：

美女一卸妆，吓跑有情郎。样板间和精装交房是两码事，真正的豪宅必须毛坯交房，避免货不对版伤害业主意志。说一不二，定远洋。

（某公司文案）

学会用段子写文案，也能吃好文案这碗饭。文案不能吸引消费者，是因为我们的付出还不够。用心去观察生活，下一个天亮，我们的文案也可以变得闪亮。

让情感来销售

"情不知所起，一往而深。"情感自古以来都是最能打动人心的东西。美好的爱情令人向往，温馨的友情让人着迷，真挚的亲情叫人无法割舍……人类作为感性动物，总是无法拒绝各种各样的情感。

文案也是如此，以情动人的文案总能触碰消费者内心最脆弱的地方。比起在质量、品质、价格等方面千篇一律的"精美包装"，情感是最能让文案快速升温的办法。用情感与消费者建立联系，让消费者因为情感选择我们的产品，做有温度的文案才能更好地宣传产品。

6岁舔着爸爸给的棒棒糖，8岁背上小姨给的绿书包，11岁穿上奶奶做的花裙子，12岁会骑舅舅送的自行车，14岁妈妈给你一双红皮鞋，19岁被初恋男友围上一条毛线围巾……

礼物从新到旧，爱情来了又走，你在期待谁的礼物；岁月是个大方的老人，只是他没告诉你，不要等了，你才是自己最好的礼物。

这是女装店步履不停的一则文案。女装店的老板是两个男人，但是把文案写得像少女的心思，既细腻又青涩。很多"步履不停"的买家都是因为它

085

的文案喜欢上了它的衣服，甚至还有一些买家进店只是想欣赏这些赏心悦目的文案。

"步履不停"的文案与其说像诗一样优雅，不如说像生活一样贴心。这家店的衣服文案都是从男人给女友选衣服的角度来写作，每件衣服都是一个动人的故事。这两个男人用青涩而美好的爱情作为装饰，"步履不停"的情感营销可谓"完胜"。

情感是广告的重要媒介，用情感打造的文案，就像一颗颗投进消费者内心的情感炸弹。用情感调动消费者的情绪，更能刺激消费者的购买欲望。有人说，营销就是与买家"谈情说爱"，只要你能虏获买家的芳心，那么推销就不成问题。

下面我们就来简单介绍一下，如何以文"调情"，抓住消费者的心。

1. 将文字生活化

很多文案喜欢用很华丽的语言，甚至编造一些子虚乌有的东西。这些文案看起来奢华，但不真实，而且看惯这些套路的消费者已经产生了审美疲劳。其实打动人心并不难，如果我们的产品没有很突出的卖点，不妨尝试用最平常的语言，说最真实的话，给消费者最贴切的生活体验。

文案示例：

生活是否美好，取决于拥有怎样的日常。（红星美凯龙文案）

吃点好的，很有必要。（三全水饺文案）

喝口茶，解人生烦腻。（天喔茶庄文案）

2. 把文字简洁化

日常生活中，大部分消费者都不会花费太多的时间看文案。很多文案撰稿人容易犯的一个错误就是认为文案太难写，总以为文字越多越能表达产品的理念。事实上，优秀的文案都是靠质量取胜。简洁干净的文字更能迅速地抓住人心，在一瞬间触动消费者的心灵。

文案示例：

妈妈的味道，是你回家的路标。（方太电器文案）

复杂世界里，一个就够了。（《one·一个》文案）

世事难料，对人要更好。（安泰人寿文案）

3. 让文字拟人化

拟人化手法不仅仅是为了让文案和产品富有生命力，更重要的是能够让消费者产生共鸣，达到身临其境的效果。将文字拟人化，为消费者创造一个属于自己的情境，更能体现产品或者品牌的价值。

文案示例：

周杰伦把爱情比喻成龙卷风，我觉得很贴切。因为很多人像我一样，一辈子都没见过龙卷风。（网易云音乐评论）

我们不生产水，我们只是大自然的搬运工。（农夫山泉文案）

情感来源于生活，生活是我们每个人的日常。好的情感文案会得到消费者的认可，绝大多数消费者愿意将这类文案在各个平台分享，从而无形中为广告主降低了传播的成本。写好情感类文案，我们可以从以下几个角度出发。

一是，用场景升华情感。

人们在不同的场景里，会有不同的情感，比如，相机代表回忆，以美好的回忆作为切入点，很容易引起消费者的共鸣。再如，厨房里更多的是家的味道，我们就可以从亲情入手，勾起消费者对家的依恋之情。

二是，用匠心渲染情怀。

很多时候人们购买产品更看重的是情怀，比如喝江小白的人群更喜欢的可能是它的青春气息。

三是，用故事塑造品牌。

有时候可以营造一个与产品使用场景无关的故事，采用激情或者伤感的基调构建一个消费者喜欢的故事，在故事的结尾用一两句话将产品结合在一起，这种出乎意料的产品推销有时更能激发消费者的阅读兴趣。

营销的本质就是与消费者沟通，有温度的文案才能达到沟通的效果。用文案给消费者投一颗情感炸弹，更容易激发消费者的购买欲望。但干瘪的灵魂无法写出有情感的文案，所以作为一名文案撰稿人要有一颗丰富的内心。

我们现在身处的时代是一个产品＋情感消费的时代，产品的数量、质量的好坏或者价格的高低无法满足消费者的情感需求。比起各种优惠活动，消费者更喜欢接受这张以情感命名的牌。用感情说话，让消费者产生心灵上的共鸣，跟消费者"谈情说爱"会让我们收获不一样的效果。

小时候我们会因为爸妈的一句称赞而努力读书；长大后我们会因为老板的一句赞扬而努力工作；恋爱时我们也会因为恋人的一句赞美而努力成长。人是感情动物，给消费者出一张感情牌，以情去触动消费者的心，消费者就会心甘情愿地掏出钱包购买我们的产品。

江小白的走心文案

有一种酒，它的文案比产品还出名。如果说杜蕾斯是"热点之王"，那么它就是"酒界杜蕾斯"。它就是江小白，一种你可能没喝过，但是绝对听过的酒。比起江小白这个品牌，江小白的文案更受年轻人的欢迎。

看过江小白文案的人都认为，江小白的文案说出了自己的心里话。江小白的品牌理念之所以深入人心，是因为它的每一句文案都深刻而准确地表达出了人们的情绪。"我是江小白，生活很简单。"江小白那些简单的文案，其实每一句都不简单。

1. 关于爱情

关于爱情，江小白用文字刻画了那些唯美的邂逅，诉说了那些心酸的往事，描述了那些甜蜜的样子。江小白在爱情里的告白，每一句都心动感人。

想见你的人，二十四小时都有空；

你只来了一下子，却改变了我一辈子；

我微醺时想起了你，那是你最美的样子；

与其奢求偶遇，不如勇敢邀约；

说不出的事叫心事，留不住的人叫故事；

酒后吐出的真言，清醒时已经在心里说过千遍。

爱情真的很奇妙，不知不觉间就能让两个人眼里倒映彼此。爱情把那个他（她）变成世界上的唯一，每时每刻，甚至每分每秒，自己那颗心都被对方填得满满当当，甜蜜的味道溢满胸膛。江小白里的恋爱，甜得让人放不下。

失恋的人，就像突然从万米高空跌落到万丈深渊，一身的狼狈无言可表。曾经的甜蜜有多甜，现在的痛苦就有多痛。此时手里的江小白就是唯一的倾诉，烈烈的酒涌入喉咙，当时情深的故事在分别后苦得难以下咽。江小白的爱情，原来也有不同的味道。

2. 关于友情

关于友情，江小白用一字一句书写真情，友情里的故事太多，朋友的情怀太满。不用担心无以言表，江小白慢慢说给你听。

我们的相识，是一场蓄谋已久的意外；

不要辜负相遇，哪怕终会相离；

懂你的人，无须赘言；不懂你的人，更无须赘言；

多一点先干为敬的真诚，少一些世故圆滑的套路；

觥筹交错的酒友很多，互诉衷肠的朋友难得；

愿十年后我还给你倒酒，愿十年后我们还是老友。

友情里的陪伴，艰难岁月，友谊不散。关于友情，很多人都有太多对朋友说不出口的话，而江小白就是你内心最贴切的表达。用酒诉衷肠，真挚的友情酒中见。那条漫漫友情路，加上江小白的诉说才不算辜负。

3. 关于亲情

关于亲情，江小白也有很多话要讲。那些散落在岁月里的温情，如果还没来得及整理，就交给江小白去做吧。那些没有对爸妈说出口的话，就让江小白来帮你说。

爸爸收起横在鱼塘上一天的鱼竿，

想要的不过是和你三分钟的通话。

如果你觉得只有成就才能衡量"出息"，不如不见。

妈妈用厨艺满足所有人的口腹之欲，

想要的只是孩子满嘴的心事。

如果你觉得只有沉默才能代替"成长"，不如不见。

难道越长大，我们越不会和父母说话？那些小时候事无巨细的表达，在所谓成长里消失殆尽。我们以为，报喜不报忧是对父母最大的关爱，但父母却一直在等待，希望我们可以把他们写进自己的未来。所以干了这杯江小白，大胆说出对父母的告白。

4. 关于生活

人生的大道理我们都懂，却总喜欢把烦恼埋在心里，不敢解开自己为自己上的锁。那些不敢迈向未来的瞬间，让江小白借给我们一颗天不怕地不怕的英雄胆。

顾虑太多难以起步，背负太多难走远路；

最怕不甘平庸，却又不愿行动；

你内心丰富，才能摆脱生活的重复；

最短的距离是从手到嘴，最长的距离是从说到做；

知足常乐，但不知足才是常态；

不逃避白天的闯，也不错过夜晚的浪；

周旋于生活也可能被戏弄，简简单单地过才叫生活。

生活总是给成年人太多折磨，漂泊异乡的雄心总会被时间打磨。江小白里的生活，就是你我。失意在所难免，轻易放弃的就是懦弱。如同江小白浓烈的酒性，我们不能放弃对未来的决心。生活里没有什么事是一瓶江小白解决不了的。如果有，那就打开两瓶。

5. 关于致敬

生活里每一个人都值得尊敬。不同的职业有不同的色彩，不同的角色有不同的光芒。用江小白致敬身边的所有人，对这个世界说出所有想说的话。

致敬老板：

说好的加薪愿您不食言，2018 年我愿与公司走向"共同富裕"，否则我就跟皮皮虾走了。

致敬门卫：

每次凌晨下班回到出租公寓，看见你在就觉得这里也是"家"。我这个陌生城市里的孤儿，也能找到一点归属感。谢谢你，最熟悉的陌生人。

致敬自己：

你吃过清晨 5 点第一笼包子，总是做办公室最后关灯的那个人。把过往存封在酒里吧！这样，当你回首时才有故事，那定是一段牛 × 的岁月。

形形色色的人组成这个大千世界，绚烂多姿的时光是所有人画上去的色彩。每个人都是世界的一分子，都有属于自己的小日子。在江小白眼里，众生平等，所有人都有资格品味这口酒，所有人都值得被尊敬。

用心酿造每颗高粱，用匠心坚守着每道工艺，

每滴单纯酒体都承载着情绪，只为某一刻情感的迸发！

江小白的文字写的不是文案，是每个人的情绪，是每个人的故事。江小白用一字一句，来刻画人们生活中的细微感情。将那些动心的时刻，在江小白的酒里化成甜蜜；将那些心酸的过往，在江小白的酒里溶解苦涩；将那些

美好的瞬间，在江小白的酒里封存快乐；将那些生活的点滴，在江小白的酒里永久定格。如果有一种酒可以诉说我们的一辈子，那它肯定是那个简单、走心的江小白。

第五章　文字的魔力：
写出有说服力的文案

增加文案的画面感

　　每个消费者只会买自己非常想要的东西。文案要想成功地推销产品就要激发消费者的购买欲。而要想达到这一点，就要让我们的文案像五星大厨做出的菜一样，可以瞬间抓住消费者的胃口，让消费者为之垂涎欲滴，想要即刻拥有该产品。

　　人们都是依靠自己的感知来认识这个世界的，所以要想达到五星大厨的效果，就要让我们的文案带有生动、形象的画面感。这样的文案才更容易让消费者理解、记忆，从而更容易被消费者接受。有画面感的文案就像一台影碟机，让消费者一眼就置身于画面当中，身临其境。

　　比如这三则关于奶茶的文案：

第一则：奶茶火爆热卖中……

第二则：全国销量第一的奶茶，不容错过！

第三则：卖出去的奶茶连起来可以绕地球两圈。

相信所有人看完都会认同第三则文案，这是一个很著名的奶茶品牌推出的文案。这则文案为什么比较吸引人，能够在一瞬间博人眼球呢？其中原因就是它比较有画面感，消费者看完这则文案后，脑中就会不自觉地想象出奶茶围绕地球转动的画面，并且可以瞬间在消费者的心里留下深刻的印象。

那么，如何才能写出有画面感的文案呢？在这里我们介绍三种方法。

1.运用多种感官角度

人类所有的体验感受大都是通过感官系统来感知的，比如用眼睛看，用耳朵听，用鼻子闻等。当我们介绍产品时，如果只告诉消费者我们的产品十分美味可口或者特别惊险刺激，这样是很难打动消费者的。因为消费者的感官系统没有被调动，所以无法真切地感受到我们的产品。

比如我们为一款酸奶写文案，如果我们只写"浓稠可口"，就不足以吸引消费者。但是我们如果写成"这款酸奶就像乳白色的冰激凌，只能用勺子挖着吃"，消费者就很容易在脑中产生画面感。

再比如写一篇关于凉席的文案，大部分文案撰稿人都只会写"这款凉席清爽透气"，这样的写法显然无法激发消费者的购买欲望。如果我们从感官角度出发，这样写文案："惬意的午后，躺在这款凉席上，肌肤顿时感到分外清爽，这种感觉仿佛是清风在身下轻拂。"相信大部分消费者读完都有一种身临其境的感觉，恨不得立刻买一件这样的凉席。

2.把自己当成顾客

很多文案撰稿人之所以写不出有创意的文案，大部分是因为对自己的产品早已习以为常，甚至失去了对产品的兴趣。即使产品有很多卖点，即使产品的体验效果很棒，但是久而久之我们早已忽略了产品的优点。

就像一对老夫老妻，即使知道双方有很多优点，但是经过漫长的岁月，这些优点在彼此心里早就不再新鲜。这时我们不妨玩一个角色扮演的游戏，把自己当成一个从来没有用过这种产品的顾客。

从顾客的角度模拟一下使用这款产品的真实过程，从拆开包装到观赏产品，再到开始使用，每个环节都自己亲身体验一下，你就能找到对产品的新鲜感，从而可以把产品写得生动有趣。

比如美国著名文案大师德鲁·埃里克·惠特曼写的一则汽车文案：

这辆车拥有宽敞如客厅的车厢。关上像拱顶似的车门时，你周围都是华丽而芬芳的皮革。当你用 453 马力的动力召唤它时，你会感觉到你的肾上腺素正飞快地从静脉血管中流过。这些都是属于你的独特的生活方式。

3. 用数字来说话

数字是最有说服力的工具，很多时候向消费者摆事实讲道理都不如用直观的数字来表达。而在这里数字表达方式并不是简单地列数字，而是让数字可视化，将消费者预想的场景具体地描述出来。这样很容易瞬间让消费者在心中认同这款产品。

比如这三则配送员招聘文案：

第一种：招聘配送员，待遇优厚。

第二种：招聘配送员，月薪 6000~15000 元。

第三种：招聘配送员，月薪 6000~15000 元，大学生奋斗 5 年的标准。

哪种更让你心动？很显然是最后一种。虽然第二种文案也使用了数字，但是相对来说第三种更有画面感。"大学生奋斗 5 年的标准"其实是对前面数字的一个解释。消费者一看到这个文案，想到普通大学生 5 年才能拿到这样的工资，就会在脑海中产生高工资的画面感。

4. 对比参照

周星驰的经典电影《唐伯虎点秋香》中，秋香是与一群很丑的家奴一起出场的。正所谓"没有对比就没有伤害"，在这样的对比之下，秋香的美丽漂亮就能让观众在一瞬间感知到。在文案中使用对比参照这个放大镜，就能让消费者在第一时间捕捉到我们想要表达的产品信息。

比如下面两条关于橙子的文案：

第一则：甘甜多汁，酸甜可口

第二则：甘甜橙子，甜过初恋

很明显，第二则文案更吸引人。第一则文案是大部分文案撰稿人常用的写法，这类文案没有什么新意，很难让人感知到产品的特点。而第二则文案就会引发消费者的好奇心，大部分消费者看到这则文案，都想迫不及待地尝试一下比初恋还甜的橙子到底有多甜。

人类在长期的进化过程中，占据主导地位的器官是人类的大脑。大脑是影响人们决策的主要因素，它负责掌控人们的欲望、情绪等生物本能。我们的大脑其实非常懒惰，它只喜欢十分具象、视觉化的表达方式。这就是人们喜欢有画面感的文案的原因。

小米创始人雷军在《参与感》一书中写道："文案有两个要求。一是直接，就是讲用户一听就懂的大白话；二是切中要害，说有画面感的话，可以让用户真切感知到的话。"我们的文案真正要唤醒的是消费者的大脑，只有让消费者在脑海中产生画面感，我们才能影响消费者的消费决策。

勾画出使用场景

怎样让消费者在千万种商品中选择我们的产品？其实这就像我们在图书馆中找书一样，我们会通过图书编码来找书，所以我们的文案也应该为产品创造一个编码，这个编码就叫作"场景化"。

很多文案撰稿人为了吸引更多的消费者，往往把自己的产品写成万能型的。比如卖鞋垫就说自己的鞋垫可以放进任何鞋里，卖榨汁机就会说随时都可以轻松榨汁。这种说法听起来很有道理，但是不能打动消费者。

消费者面对这种万能型产品总有各种理由拒绝购买，比如："我常穿的鞋有4双，我该买多少鞋垫呢？"或者："我家里有啤酒和酸奶，感觉用不上榨汁机。"如果我们的产品有多种功能时，这种随时能用的万能型文案并不是一个好主意。

正确的做法就是为我们的产品设置一个正确的使用场景，让产品的应用更加场景化。一个场景对应一类产品，这就相当于给我们的产品确定了一个独一无二的编码。把产品放进特定的场景里，产品的独特优势就会凸显出来，就可以让消费者在众多商品中轻松地找到我们的产品。

比如东鹏特饮的"年轻就要醒着拼"，它的使用场景就是熬夜加班的时候；还有"吃完喝完嚼益达"，现在人们在饭后想起的不一定是水果，很多人的第一反应就是嚼益达；又如"经常用脑，多喝六个核桃"，六个核桃的使用场景就是用脑时刻。

那么如何勾画出我们产品的使用场景呢？

1. 找出相应的消费场景

我们要想推销产品，首先要充分了解我们的产品。在勾画场景之前，我们要先确定产品的潜在客户是谁？这些潜在客户的需求是什么？他们经常在什么时候使用我们的产品？掌握这些情况后，我们就要根据产品的功能、形状、扩展功能等特点，找到与之相符的消费场景。把这些消费者可能使用的场景一一列举出来，让消费者可以通过文案联想到使用产品的快感，这样才能增加打动消费者的概率。

比如一家葡萄酒公司推出的文案：

吃爆米花喝可乐，看电影时还是老一套？新的时代是时候换新了。电影开场，打开两瓶小甜酒，放上吸管，两个小时的电影正好喝完一瓶，小甜酒让生活和电影一样精致。

除了看电影，踏春野餐也适用。慵懒的春光里，带上一篮子吃的，约上两三好友。下午三四点，在微微的阳光里，喝一点小甜酒，配上惬意的风景，所有烦恼统统消失。

2. 不做以卵击石的蠢事

大品牌往往可以占据大渠道。同样的产品，小品牌要想与大品牌对抗，不要指望在价格成本或者强势广告上抢占风头。这无疑是一件以卵击石的事情。

一个产品对应的生活场景往往有很多，所以我们不必硬碰硬，非要挑选强势产品对应的消费场景。要想让我们的产品独一无二，就要把它放在对它有利的场景里，而不是一味地和对手的产品抢地盘。

比如推销一款凉茶，如果你硬要和王老吉抢占消费场景，使用"怕上火"这个卖点，那么我们的凉茶就很难有所突破。这时我们没必要在这个卖点上"死磕"，除了"怕上火"这种场景外，可供我们选择的场景还有很多。比如我们可以选择"加班疲劳时让自己的头脑清醒一下"，或者"炎炎夏日里为暑气降降温"等。

3. 针对不同消费人群

不同的消费者使用产品的原因也不尽相同，所以我们在勾画消费场景时要针对不同的人群细化产品卖点。勾画场景时我们可以想象一下，不同人群的需求有什么区别，然后根据这些区别去勾画有针对性的场景。

文案大师大卫·奥格威给"将军牌"炊具写过一个文案，这则文案成功地向不同人群卖出了这个品牌的炊具。

针对家庭妇女，奥格威分析得出她们对烘焙的兴趣比较大，于是设计了做点心、做面包和蛋糕等使用场景，直接突出了"将军牌"炊具的烘焙功能。

针对男士，奥格威深知男士并不喜欢烹饪，唯一让他们感兴趣的就是烧烤，所以设计了一个烧烤的场景。

此外奥格威针对厨师休息时间少，每天所处的厨房都油腻腻的特点，设计了一个使用"将军牌"炊具可以让他们多睡一个小时，并且让厨房像客厅一样干净的场景。

再举一个例子——一家糕点公司在国庆节时，针对不同人群推出的几则文案：

为了讨好小外甥，很多人喜欢把糕先生带回家！糕先生千层便当，家里人都挂念。

国庆又要加班？把糕先生带走，即使加班也要做一个快乐的加班狗！

国庆宅在家，追剧无聊？糕先生追剧能量棒，做一个舒服的宅男宅女。

文案的目的之一是建立产品和消费者的关联性。文案中产品与消费者的关联性越强，产品被消费者选中的概率就越大。而建立关联性的最佳手段就是让产品场景化，因为产品与生活是息息相关的。只有制造了消费的场景，消费者才有消费的理由。

给消费者勾画出产品的使用场景，其实就是一种"曲线救国"的方式。一个品牌的推广可以通过各种方法，比如渠道、价格、团队等，但产品的场景化是推销的一种捷径。运用这种方法，可以把产品的消费场景刻画到消费者心里去，让产品成为消费者心里那棵草，成为消费者不得不买的一种理由。

场景化的文案就是消费者的一种消费提示，比如，今日头条推出的下面一则文案：

今天车上好多人，看今日头条。

今天我等着行李，看今日头条。

很多人认为这则文案很普通，其实今日头条投入了上亿元进行营销。这则文案看起来很简单，但是运用场景化策略让今日头条深入人心。在不同的场景下，我们都可以看今日头条。这就是一个潜移默化的消费提示，让消费者在不知不觉中产生下载今日头条的欲望。

文案的场景化就是在产品与消费者之间建立一条线，让产品和消费者紧密地联系在一起。一旦我们触发了这条线的一端，消费者就会自然而然地走向消费的那一端。

解除顾客的担忧

随着互联网时代的发展，消费者对电商文案的要求越来越挑剔。写好一篇文案似乎很简单，但是想让消费者打开仔细阅读很难，并且让消费者读完后立刻下单购买更是难上加难。即使我们把文案设计得天衣无缝，消费者还是会有很多顾虑。

消费者在购买产品时往往会经历三个阶段：感性—理性—感性。我们看似很完美的文案一开始的确可以吸引消费者，但是消费者在了解完产品后就会理性地分析产品，随之他们就会产生一些顾虑，诸如产品质量问题。网购存在一定的风险。消费者看完文案后，可能会想，虽然文案说的产品很好，但是我收到的产品会不会有误差？真实的产品会不会与广告上有很大的出入？再者，如果我用了几天，产品就坏了，怎么办？

商家服务问题。很多消费者担心产品的邮费或者包装费由谁来承担。还有就是购买大件物品时，商家到底是把产品放到物流站，还是送货上门？这些问题都直接关系到消费者的最终决策。

这些问题就像消费者心里的一根根刺，不拔掉这些刺，消费者就不舒服。文案要想成功引导消费者下单，就要替消费者拔掉这些刺，主动化解消费者的这些担心。比方说，针对消费者对产品质量的担忧问题，最有效的办法就是让消费者亲身体验产品的好处，在体验中消除消费者的疑虑。

比如，一家葡萄柚公司为了消除消费者对产品质量的怀疑，于是写了这样一则文案：

让我免费给你寄 15 个葡萄柚，你来亲自判定，这是不是我们承诺的皇家红宝石葡萄柚，这种柚子是不是我们描述的那种奇妙滋味。我相信，当你品尝过后，你会想要更多这种超级好吃的水果！

如果这种柚子得到了你的一句认可，那么请把剩下的柚子留下吧。如果你并不满意，那么就把没吃的柚子寄给我，邮费我来出。你什么都不必支付，只需验证这种葡萄柚的味道！

相信你在读这则文案时，也会被这家葡萄柚公司提供的免费体验、货到付款服务打动了。消费者尝过后满意再付款，如果消费者不满意，则由商家承担所有损失。商家让消费者免费体验自己的产品，让消费者亲身感受到产品的优点，这无疑是化解消费者对产品质量存在疑虑的好办法。

所有人在买东西时并不关心商家到底怎样夸耀自己的产品，消费者更在意的是自己使用产品后的效果是否与广告中一样好。其实现在很多商家都在使用这种方法，比如有的品牌在推出新品时，会送消费者一份小的试用装。消费者使用试用品后不满意，就可以退回商品，并且由商家全额退款。商家说的话总会让消费者产生各种怀疑，只有让消费者亲自体验后，才会真正相信商家的产品。

商家如出一辙的承诺并不能打动消费者，只有让消费者看到体验后的好处，能够真实感觉到商家的良苦用心，消费者才会放下顾虑，痛快地下单。与此同时，消费者对商家的售后服务，特别是物流这方面也很在意。

比如一家行李箱网店的文案是一张动图，动图中显示的是汽车轧过的行李箱很快复原的场景。图中的行李箱看上去毫发无损，这确实是很有说服力的文案。但是由于这家网店刚刚开业，销量并没有因为这则文案提高上去。于是店家突发奇想，发布了这样一则对话：

买家：您好，我收到行李箱了，但是我不是很喜欢怎么办？

卖家：本店提供15天无理由退换货服务，并且赠送运费险。但毕竟您光顾了本店，所以礼轻情意重，精美贴纸您留下，下次有机会再来！

买家：我收到的行李箱有问题，但是我现在着急用怎么办？

卖家：没关系，你先拿着用，等您回来我们再给你发一款全新的。

买家：退换货好麻烦，快递员不肯上门取件怎么办？

买家：不用担心，我们和快递有合作，我们来帮你安排，保证让你足不出户解决快递问题！

这家行李箱店运用对话形式编写文案，成功地俘获了消费者的芳心，从而凭借强大的推广量，获取了大量的订单。这种买卖双方对话形式的文案，让消费者可以在轻松愉悦的气氛中，感受到商家的真诚。

现在很多人都喜欢网购，即使买沙发、床这样的大件物品也喜欢在网上买。消费者一旦在网上选定自己喜欢的款式，最担心的问题也就随之而来。由于大件物品运输不方便，消费者大都担心邮寄问题。如果快递不能送货上门，消费者自己去物流站取，的确是一件很头疼的事情。

这种大件产品的文案大抵都是这样写的："免费包邮，极速发货，不满意全额退款。"这种太过普遍的写法已经得不到消费者的认可。

一些比较聪明的商家更善于解决问题，他们的文案一般是这样写的：

0元包邮配送，免费送货上门；

装修进度拖延不要怕，为你提供90天免费仓储托管；

专业师傅上门为你服务，15天内不满意无忧退换。

同样是几句简单的话，但是这段文案就可以轻松地解决消费者的顾虑。在信息化时代，商家比拼的不是哪家服务更贴心，而是哪家商家可以真正实现自己的服务。

顾客的话更让人信服

当我们购买一款没有用过的产品时，第一反应就是了解一下买过商品的人是怎么说的。因为比起商家推出的产品卖点，大部分人都比较相信其他顾客说的话。这就是顾客证言发挥的作用。

"金杯银杯不如老百姓的口碑。"不管我们卖哪类产品，顾客证言都是引导消费者下单的绝佳武器。顾客证言利用的其实是人们的从众心理，它既能激发消费者的购买欲望，又能赢得消费者的信任。当消费者看到其他顾客的使用效果都很好时，那么他就会情不自禁地下单。

写顾客证言其实很简单，就是在顾客的社群或者评论中挑选比较精彩的顾客留言，利用真实的顾客的优秀评价来包装我们的产品。在写顾客证言的过程中，最难的不是收集这些证言，而是我们挑选出来的证言必须能够一击中的，能够直击消费者的核心需求。

日常生活中，我们在文案中见到的证言，大部分都是这类的："我以前有什么样的烦恼，但是自从用了这款产品，帮我解决了这个问题。"这些顾客证言都太过平淡，消费者读起来根本没有感觉，因此这种证言无法激发消费者的购买欲望。

顾客证言的最终目的是获得消费者对产品的认可和信任，而取得消费者信任最好的办法就是满足他的真实需求。比如顾客买充电宝最大的需求是希望电量充足、携带方便，买洗碗机最大的诉求是希望它可以把碗洗得很干净等。我们只有抓住顾客的真实需求，才能写出有效的顾客证言。

比如文案大师大卫·奥格威曾经为英国一款奥斯汀轿车写过一则文案：

我用驾驶奥斯汀轿车省下的钱送儿子到格罗顿学校念书

一位外交部的前辈曾经告诉我："自从我买了一辆奥斯汀轿车后，我们家的司机就变成了我的妻子。她每天用奥斯汀送我上班，送孩子上学。平时购物、看病、娱乐也开着奥斯汀轿车。我的妻子不止一次地告诉我，如果用之前的破车，她是没有办法应付这些的。"

奥斯汀轿车是 20 世纪英国比较流行的一个轿车品牌，虽然这种品牌的轿车已经不存在了，但是奥格威的这则文案却一直深深地影响着人们。一般来说，我们看到的关于轿车的顾客证言大多都是高效率、越野能力强等这种简单的评论。而奥格威的这则证言却采用一个全新的角度，从而挖掘出了中年男士买车的核心需求。对于一个中年男士来说，他买车最焦虑的事情不是汽车性能而是钱。中年男士一般都是上有老，下有小，这些都是需要钱才能解决的事情。所以在买车方面，奥格威省钱的文案更能让消费者信服，从而产生购买的欲望。

唐·德雷珀在《广告狂人》里曾说过："幸福是什么？幸福是新车的气味，是无所畏惧的自由，是尖叫和惊叹，是向你保证，无论你做什么，都是没有问题的。"文案中的顾客证言就是如此。

顾客证言就是让消费者看到他向往的幸福。每个人的生活中都有压力和痛苦，而顾客证言就是用一个活生生的榜样告诉消费者，这些压力问题终将会被解决，向往的生活终将会实现。假如消费者读完顾客证言，他就会产生这样的想法："天啊，我也可以像他一样。"那么这种想法往往就会让消费者情不自禁地下单。

此外，在写顾客证言时有一个很重要的问题，就是顾客证言不是力求完美，而是力求真实。很多文案人为了达到展现产品的效果，经常自己编一些看似无懈可击的完美的顾客证言，但是这些证言几乎无法打动消费者。

虚假的顾客证言只能在消费者的手中快速划过，甚至一些情绪比较敏感的消费者会很反感这些虚假的证言。要想写好顾客证言，我们不是自己天天绞尽脑汁去扮演顾客，而是要真正去了解和体会顾客的真实反馈。

一般来说，真实的顾客证言有以下几个特点。

1. 顾客用语很朴实

产品只是一种物品，很少有顾客像追星一样狂热地追求一种产品。我们看到的大部分都是类似"还不错""挺好"的评价，很少见到"这个产品深深打动了我""我简直爱死这款产品了"这样的评价，所以比起一些充满激情的顾客证言，一些朴实的话更容易让消费者信服。

2. 一个顾客一种语气

每个顾客的职业、性格、爱好都不相同，5个顾客的评价就有5种不同的风格。真实的顾客证言不仅语气不同，甚至连标点符号的使用习惯也不一样。因此，在写顾客证言时，采用不同的语言风格，真实描述不同顾客的体验，才能触发消费者的从众心理。

3. 适当的负面评价更有说服力

任何一种产品都不是十全十美，也无法博取所有人的欢心。好的评价当然能够让消费者更加信服我们的产品，但有时候负面评价更具有说服力。

比如一款价值 3000 元的化妆品，如果你用这种证言："这么好的化妆品，3000 元一点儿也不贵。"一般是没有人会相信的。但是如果我们这么写："刚看到这款化妆品的价格时，确实觉得太贵了。但是尝试过后才发现，原来化妆品的效果真的不一样。虽然花了 3000 元，但是物有所值！"很显然，第二种说法更能打动人。

生活中，所有消费者使用的产品，比如护肤品、美食、教育产品，我们都很难从商家的角度给消费者打包票，保证使用效果可以百分百呈现。这时顾客证言就是我们说服消费者的最佳武器。因为顾客的现身说法是最具有说服力的文案。利用顾客证言帮我们营销，我们的文案就很容易成功地激发消费者的购买欲望。

权威消除顾虑

日常生活中，我们经常遇到这样的情况：明明文案已经写得非常好了，也成功地打动了消费者，但是消费者就是不肯购买产品。其中的原因有很多，但最重要的就是消费者还不够信任我们。在产品多样化的时代，信任感是消费者购买东西的重要因素。

而赢得消费者的信任只依靠我们的自吹自擂，仅仅是把产品说得天花乱坠是没有用的。要想让消费者信任我们，我们的文案就要有足够的说服力。

这时我们就可以请求"外援"，利用专家或者名人的权威性给消费者一个理性的证据，这样消费者就能深入了解我们的产品，从而开始信任我们。

比如同样一款洗发水，如果我们这样写："我爸用了这款洗发水说效果特别好。"这很难让消费者信服。但是如果我们说："成龙用了这款洗发水都说效果好。"那么多数人会相信这款洗发水是真的好。道理很简单，成龙作为名人，他说的话更有权威性，所以更容易让人信服。

消费者在购买东西时，一般都不会仔细研究产品的内在构造、技术特点等，比如买一把锁几乎没人会研究一下它的结构原理，买一块手表也少有人会研究手表的制作流程。消费者选择产品时经常会跟随权威。因而，权威机构或者权威人士推荐的产品，很容易得到人们的信服。

一个创业团队做的旅行箱获得了 iF 设计奖，虽然这个奖项是全球很重要的设计奖项之一，但是很多大众消费者并不了解这个奖项。

于是这个团队的销售部门就利用权威转嫁，写了这样一篇文案：

荣获德国 iF 设计大奖

德国 iF 设计奖不仅仅是世界三大设计奖之一，并且在业内它一直有"设计界奥斯卡"之称。就在刚刚结束的设计大赛中，我们的金属旅行箱在数千件作品中脱颖而出，成功赢得了德国 iF 设计大奖！

如果单纯地写产品获得 iF 设计奖，由于大部分消费者对这个奖项不了解，所以都不会信任这款旅行箱。而加上"世界三大设计奖"和"设计界奥斯卡"时，人们就会感受到奖项的权威性。这篇文案运用权威的"高标准"和"高地位"，成功地消除了消费者的顾虑，赢得了消费者的信任。

利用权威消除消费者的顾虑，从而赢得消费者的信任，主要需要做到以下两点。

1. 展现权威的高标准

在优胜劣汰的市场竞争中，人们更信服高标准之下产生出来的产品。就如上文的例子，销售人员在文案中描述他们的箱子是数千款箱子中最好的一款。这就体现了权威的高标准，从而让消费者感受到这款箱子能获得奖项非常不易。

比如一个大米品牌的文案：

我们的大米引进了袁氏集团"小粒香"的种子，而且我们的大米已经取得了日本的有机认证。在国家标准上最高的有机认证是美国的USDA标准，日本的有机认证为世界上的第二认证标准，再者就是欧盟和中国的有机认证。

我们的产品拥有日本的有机认证，这就意味着在拿到日本的有机认证以前，我们已经成功地得到了欧盟和中国的有机认证。

很多人在买大米时都会顾虑大米的质量问题，但是这家大米品牌的文案利用权威的高标准成功地消除了消费者的顾虑。虽然它的标准不是全球第一，但是由于它已经在欧盟和中国的认证标准之上，就可以让消费者感受到它的品质是有保障的。

2. 利用权威的高地位

在写文案时，无论我们借助哪个权威，最重要的都是要展现它的专业性、高级性。只有在行业中具有影响力，拥有举足轻重地位的权威，才更值得消费者信任。

文案示例：

高档酒店一向很注重客人的睡眠质量，他们对床品的选择十分讲究。如今不仅阿联酋国家航空的头等舱用品，还有很多国家豪华酒店的床品都是来自我们。而且乔治·克鲁尼举办婚礼时所在的阿曼运河豪华酒店也选用我们的床品。

这个品牌的床品很高端，一个枕头的价格都在 1000 元左右。如果单纯地描述自己的产品，相信大部分消费者都不愿花一大笔钱购买这家的产品。

这个品牌的文案撰稿人深知这一点，于是他利用高端酒店和航空公司的权威，把自家的产品建立于权威认可的基础之上，这样的神来之笔成功打动了消费者的心。

一个售价 1500 元的除湿器，如果只写"上万家庭的除湿选择"，你会花 1500 元购买吗？一个声称"教你读懂金融学"的付费音频，你会轻易地花 299 元购买 10 节课程吗？一款美白产品只写"让你拥有白皙皮肤"，你会相信它的美白效果吗？

显而易见，广告商一个人的独白是不会消除消费者的这些疑虑的。销售界有这样一句话："沾名人的光，商品迟早会卖光。"利用名人的权威转嫁作用，不仅可以消除消费者的顾虑，让产品热销，而且权威还可以让我们的产品在消费者心中的地位更加稳固，所以权威往往会给我们带来双赢的结果。

比如力士香皂的文案只有短短的一句"我只用力士"，但是力士香皂的销量却一直很高。其成功的关键就在于，商家借用著名影星娜塔莎·金斯之口说出这句文案。可见，借助权威往往可以让我们的产品拥有千钧之力，让消费者瞬间破防。

再如派克钢笔的文案："总统用的是派克。"派克钢笔只用一句干脆利落的文案，就瞬间提升了这款钢笔的地位。世界名流、成功人士因此纷纷购买派克钢笔，似乎这款钢笔成了名人的标配。

只凭借几个华丽的形容词，或者几句简单的口号，无法让消费者心甘情愿地买单。假如我们的文案不能让消费者掏出钱包，不妨就借助权威机构、明星、名人等外援为我们助力，向消费者推广产品。

让事实来说话

真正优秀的文案并不是一味地装腔作势，因为文案最终推销的是产品，而不是我们的文笔。好的文案最重要的是讲事实，用自己的真情实感去描述产品，这样的文案才可以让消费者从心里感到信服。

如果我们的产品有"待机时间长""质地柔软""坚固耐摔"等优势，我们要做的不是急于用优美的文字包装这些特点，而是认真想办法让消费者相信我们的产品优势。让事实来说话，消费者才愿意为产品买单。

比如一家钢化膜公司为了体现钢化膜可以防止碎屏的特点，于是就拍了一段用锤子砸贴了钢化膜手机的视频。视频发布后，效果非常好，这家公司的钢化膜销量一下子翻了好几倍。由此可见，讲事实具有很强的说服力。

用事实说话，就是从公正客观的角度来描述产品，列出一个与产品有关的事实，让消费者可以通过这个事实明辨真伪，从而证明我们产品的优势。消费者已经见惯了"王婆卖瓜，自卖自夸"式文案，所以文案只有讲事实才能真正说服消费者。

说明事实的方法用两种。一是精准地说明产品的性能数据，然后把产品的性能数据用消费者熟悉的事物表达出来。大部分消费者都属于外行，我们在用数据说话时，只有利用消费者熟悉的事物才能成功地赢得消费者的信赖。

讲事实的第二种办法就是通过实验来证明产品的功能。当我们无法直接证明我们产品的功能时，我们可以用火烧、水泡、冰冻，或者使用化学试剂等物理或化学实验，来展示产品功能，或者通过这些实验，与同类产品进行比对，进而突出展示我们产品的优势。

比如轻生活卫生巾的创始人张致玮发现，市面上的棉柔卫生巾大部分都不是棉花做的，而是用化纤和黏合剂制造的。于是他发明了轻生活这种用纯棉制作的卫生巾，这款卫生巾能够更有效地减少肌肤敏感的女生的不良反应。

轻生活卫生巾制作出来以后，让张致玮陷入困境的是这款卫生巾看起来与市面上的卫生巾差别不大，消费者很难辨别真伪，所以很难得到消费者的认同。于是，张致玮就采用事实证明的方法。他同时燃烧了轻生活卫生巾和市面上其他品牌的卫生巾，然后用两张燃烧过后的图片证明自己的产品。消费者可以清晰地从图片中看到市面上其他品牌的卫生巾燃烧过后产生了很多焦块，而轻生活卫生巾在燃烧后化成了灰烬，这个一目了然的事实让消费者瞬间信服。

再如一家纸巾公司开发了一款竹浆纸巾，这款纸巾与普通纸巾相比材质有很大的区别。它选用四川省沐川县的优质慈竹制作而成，不添加任何漂白剂，有天然抑菌的作用，而且此款纸巾最大的卖点就是沾水不破，擦拭无纸屑。

很多人在使用纸巾擦脸时，都经历过在脸上留下纸屑的尴尬，这款纸巾就有效解决了这个问题。但是在文案中，如何才能体现纸巾的这一特点呢？聪明的商家就利用事实证明的方法，成功地解决了这个难题。

商家把竹浆纸巾和普通纸巾弄湿后罩在高脚杯上，然后把硬币一枚一枚地分别叠放到两张纸巾上。普通纸巾放了两枚硬币后就破了，而竹浆纸巾上放了13枚硬币还没有破。商家把这组图放到网上后，很多消费者都赞叹竹浆纸巾的韧性，从而纷纷开始购买这款纸巾。

用事实向消费者证明我们的产品品质，消费者才会这样想："他们的质量经过检验，肯定没有问题。"一旦消费者产生这样的想法，就证明我们的文案已经得到了消费者的信服，这就意味着我们很快就可以让消费者心甘情愿地掏出他们的钱包，进而下单提升我们的产品销量。

任何干瘪的文字都无法塑造一个有灵魂的文案，用事实才可以让消费者更加直观地感受到产品的优势。相对于广告主的花言巧语，消费者往往相信自己亲眼看到的事实。正所谓"事实胜于雄辩"，说的就是这个道理。

一杯咖啡一句文案

不管节日、热点还是感情，雀巢咖啡的文案都有涉及。咖啡本来就是比较温暖的产品，再加上雀巢咖啡那些暖暖的文案，真的是让人感觉一杯咖啡入口，就可以暖到心田里。

话不多说，接下来，我们就一起盘点一下雀巢咖啡那些精彩的文案。

1. 节日系列

父亲节：这个父亲节，跟老爸喝杯咖啡，告别尬聊，说出真心话。

父亲总是不善言辞的代表，长大后与父亲的话变得越来越少。父亲的爱总是很深沉，他不像母亲可以把自己的爱放在一字一句里，更多的父亲把那句"我爱你"埋藏在自己的心里。这句关于父亲节的文案，就是打开父亲内心的那把钥匙，喝一杯咖啡，把所有想说的话讲给伟大的父亲听。

中秋节：举杯邀明月。

中秋节和家人一起喝咖啡赏月，静静地享受温馨的时光，这是很多人都期待的事情。雀巢咖啡这句文案借用"诗仙"李白的诗句，用暖暖的咖啡代替李白手中的酒，而手中暖暖的雀巢咖啡让一家人的心更温暖。中秋夜有这杯咖啡变得不再寒冷，咖啡浓浓的味道温暖了每个人的心房。

七夕：喝杯雀巢，相约鹊桥；滚蛋吧，"腼腆君"；一万句"对不起"，都不及拉起 TA 的手说句"我爱你"；幸福不是等待，爱一个人就要大胆去表白；不要害怕被拒绝而选择沉默，有多少错过是因为不说。

只有勇敢去爱，才会收获甜蜜的爱情。很多人并不是没有缘分在一起，而是双方都缺少告白的勇气。雀巢咖啡借用牛郎织女之间的勇敢爱情，向消费者诠释了正确对待爱情的态度。喝了这杯咖啡，让那些没有说出口的喜欢变成勇敢。

2. "暖到"系列

装得下万千世界，装不完你的万般温度；此刻心满满的，是你将暖意注入我心里；冬天我不再冬眠，唤醒我的是你的温暖；我舞的每一步，都有你们与我神同步；说过的话，走过的路，都带着你的温度。

寒冷的冬天，人们工作时总是容易犯困，雀巢咖啡推出的"暖到"系列文案就是我们的解困首选。此外，初冬的天气一天比一天冷，熬夜加班的上班族最期待的就是喝上一杯暖暖的咖啡，从而缓解工作的疲劳，让整个冬天变得更有温度。

3. "自然感"系列

云端漫步：一朵白云，给你一片梦；一杯咖啡，给你人间乐园。

瑰间小径：深吸一口，到红心皇后的花园里探秘，在瑰间小径里，找到咖啡香醇的秘密。

微醺一夏：夏日晚风，穿林而过。让酸涩的青柠，搭配咖啡的浓醇，让燥热的烦闷，随清风而去。

豆蔻宇治：品时光慢下来的味道，当林海与麦浪幻化成形，茶圃凝聚于齿间，一杯清新，带你重返自然。

雀巢咖啡"自然感"系列文案把每款咖啡都与大自然元素结合，用温馨纯粹的文字，让消费者感受到来自大自然纯天然的心灵感受。在惬意的风景里享受着浓浓的咖啡，感受大自然的纯朴至真，这样的生活恐怕没有人会不动心吧！

4. 营销海报系列

平时，加班有劲奋"指"疾书，春节，坚持有望"杠上开花"；平时，咖啡陪我深夜大战PPT，春节，靠快乐水应付"快结婚!"；平时，助我们护骨补钙跳广场舞，春节，帮我们强健筋骨走亲访友；平时，早餐一杯补充全天营养，春节，酒前一杯呵护胃部健康。

雀巢咖啡的这次海报是与拼多多联名合作的一次营销。该系列海报以春节为节点，描述了不同人群在平时与春节的差别，而一杯雀巢咖啡或者一勺雀巢奶粉就是这些差别的融合点。不管上班还是放假，单身还是有家，雀巢带给我们的温暖从不缺席。

5. "每次挑战有我陪伴"高考系列

扶朕起来，给朕1杯咖啡，朕还能学！

绞尽脑汁，多答一道大题，只为和你再同窗四年。

决战百日不负芳华，高考在前无问西东！

高中是万千学子压力最大的一个阶段，学习也是一件十分耗费心神的事情。高中三年那些灯火通明的夜晚，见证了莘莘学子的奋斗时光。雀巢咖啡的文案，以这段难熬的时光为切入点，用激昂的文字点燃学子的青春梦想。高中时期用一杯咖啡补充体力，用一颗不言败的心奋进努力，未来的生活总是值得期许！

6. "在这里，遇见万分惊喜"系列

致自己：阳光下是个孩子，风雨里是个大人。

致家人：心有所念人，隔在远远乡。

致同事：谢谢你们的关心与呵护，我才能这样无忧无虑成长。

　　"在这里，遇见万分惊喜"系列，是雀巢丝滑拿铁咖啡在秋季推出的文案。这一系列文案一改以前的风格，用一杯咖啡引出藏匿在网络上的段子手，用这些消费者的评论来推广咖啡。这一系列文案或是对朋友、同事、家人的寄语，或是对自己的期盼，这些贴心的文字配上雀巢丝滑的咖啡，果然给渐凉的秋季带来了很多的惊喜。

　　雀巢咖啡的文案就像一个藏匿着惊喜的空间，一句句暖心的文案引起众多消费者的共鸣，毕竟很少有人可以逃脱温柔陷阱。即使咖啡市场竞争很激烈，雀巢咖啡却永远保持一颗鲜活的心。那些美妙入心的话语，让咖啡和生活都不再苦涩，品味人生的每一刻都可以因为雀巢而变得快乐。

　　一杯咖啡一句文案，每一杯都是特别版。雀巢咖啡用细腻的匠心打造贴心的文案，每一句文案都是一种情怀，让人情不自禁地对这杯浓郁的咖啡上瘾。

　　优秀的文案大抵如此，不需要多少字，但每个字都触动人心。

第六章　绝对成交：写出有带货力的文案

唤醒顾客心底的渴望

文案不是去创造顾客的欲望，而是去唤醒顾客心中早已存在的渴望，然后再把这些渴望体现在我们的产品中。当消费者遇到一个十分优秀的产品时，他不一定会购买这款产品，但是当消费者看到让自己心仪的产品时，他就会毫不犹豫地选择购买。

"投其所好"讲的就是这个道理。虽然某些产品的性能可能会吸引消费者，但是作为感性动物，消费者总是选择自己内心真正渴望的东西。所以文案要想达到推销产品的效果，我们要做的就是先了解消费者的渴望，也就是他们的内心需求，进而用我们的产品唤醒消费者的渴望，消费者才会购买我们的产品。

有这样一则故事：一个富翁想在他交往的三个女朋友中选择一个结婚对象，这三个女朋友都想嫁给他。于是富翁对她们说，谁能用 1000 元把房间填满，他就和谁结婚。

第一位女生买了棉花，只填满了一半房间。

第二位女生买了气球，但是也没能填满房间。

第三位女生买了蜡烛，用光照亮了房间。

富翁看到后，思考良久，最终他选择了第三位女生。

这个故事告诉我们，了解顾客的内心渴望非常重要，但在实际生活中要想了解顾客的内心需求其实很难。因为顾客一般不会直接说出自己内心的渴望，甚至有时候顾客即使心里已经有了答案，也不想直接表达出来，以免自己处于被动境地。当然，如果我们说出的答案不符合顾客的标准，他们很可能就会转身离去。

文案示例：

得到你是我一生的幸福，德芙巧克力，纵享丝滑。（德芙巧克力文案）

德芙巧克力其实只是糖果类的一种，但是它通过消费者对甜蜜爱情的渴望，把自己的商品与恋爱中的甜蜜联系在一起，成功地唤起了人们对于恋爱的渴望，或者人们在热恋时的那种甜蜜感觉。德芙巧克力利用这一点，成功地在行业竞争中站稳了脚跟。

唤醒顾客内心的渴望，激发出顾客对产品的需求，可以从以下几个方面入手。

1. 激发顾客的情绪

当我们的产品并不能成为顾客的刚需产品时，我们就可以尝试去激发顾客的某种情绪，比如快乐、自信、恐惧等，然后再利用顾客的情绪，建立与产品之间的联系。

文案示例：

生活最沉重的负担不是工作压力，而是无聊的时间。在我们生活中，其实有很多无聊时间都被我们浪费了。要想让自己的生活多彩，还不如

去学点自己感兴趣的东西，或许某一天你就发现这些东西会成为你的一门手艺或者技能。

在诸多技能中，语言是一种通行的技能。学会一门语言，就能多畅行一方天下。××在线英语课堂，让你轻松看世界！

（某在线英语教育机构文案）

这则文案没有一开始就介绍自己的产品，而是从如何打发无聊时光说起，引导消费者如何过得充实。这时商家适时地推出英语学习产品，让消费者产生购买的欲望。

2.用情境唤醒消费者的渴望

在写一则文案之前，我们首先要考虑的是消费者在什么样的情境下会使用这种产品。比如如果我们要做凉茶的文案，我们首先就会搜索一下凉茶的功效。在百度中凉茶有生津止渴、清热解毒、去火除湿等功效。

这时我们就要思考一下，哪种功效能激发顾客内心的渴望。如果我们写"喝××凉茶，清热解毒"或者"除湿气，就喝××凉茶"，这样会激发顾客的渴望吗？显然不会，因为没有多少人会用凉茶来解毒或者除湿气。

而王老吉的文案"怕上火，喝王老吉"，就准确地抓住了顾客内心最需要的东西。现在人们吃的食物丰富多样，上火是一种很普遍的现象。吃点辣的，或者天气很热时，人们很容易就会想到用凉茶来去火。

所以我们在写文案时，要学会好好利用情境来唤醒顾客内心的渴望。而且能够激发顾客渴望的情境出现频率越多，就越能刺激顾客对我们产品的需求。

文案示例：

约会前请擦鞋。（某擦鞋机文案）

小饿小困，来点香飘飘。（香飘飘奶茶文案）

喝乐虎，提神抗疲劳。（乐虎功能性饮料文案）

3. 与顾客统一战线

我们在写文案时，应当从顾客的角度来看待问题，让顾客感受到我们和他是一类人，从而让顾客相信我们的话。很多时候，顾客之所以不信任我们，是因为他们觉得我们的行为只是为了我们自己的个人利益，而不是从他们的角度出发。

如果我们与顾客站在一条战线上，明确地告诉他，我们是一类人，那么顾客就会放下戒备，认真考虑我们的产品。与我们的顾客组成一个团队，那么我们就不用担心无法唤醒顾客的需求。

广告商经常利用这种方法，斥巨资将自己的产品与明星联系在一起。比如科比系列的篮球鞋很容易激发科比粉丝的购买欲望。

再如百岁山矿泉水，把自己定位为水中贵族，目的就在于强调喝百岁山的人都是对生活有很高品位的人。这种定位方式激发了广大消费者对高品质生活的渴望，从而激发了他们的购买欲望。

一个品牌根据自己的定位来激发顾客内心的渴望，把消费者塑造成与自己品牌定位一样的人，这样就可以让消费者在文案中找到归属感或者安全感。

很多时候，我们的文案之所以吸引不了消费者，不是因为我们的文案没有说出顾客的需求，而是没有激发消费者内心的渴望。顾客有渴望才会对产品产生需求，才迫不及待地购买我们的产品。

激发消费者的购买欲望

人类的所有行为都是基于七情六欲。理性只是我们后天学习的结果，而感性才是我们先天就拥有的本能。所以想要吸引消费者做出购买决定，我们就要激发消费者的购买欲望。

文案的最大目的就是达到用最低成本拉动商品最大销量的效果。如果我们只是追求文案的自然大气或者华丽优美，而不能为广告主带来利润和效益，这样的文案是没有广告主会要的。因为这样的文案就像导演好不容易拍出来一部口碑极佳的电影，但是这部电影只有无数的点赞却没有票房。

对于广告主来说，文案的标新立异固然重要，但是他们更需要的是文案这些独特之处可以成功激发消费者的购买欲望。所以我们写文案时，就要深入了解产品的优势、卖点，从而通过文案来激发消费者的购买欲望。

通常来讲，激发顾客的购买欲望有以下几种方法。

1. 感官占领，让消费者直观感受到产品优势

人类所有直观的感受和体验都是通过感官系统感知的。我们用眼睛能感知美，用嘴巴感知味道，用耳朵感知声音。我们从一出生，就用我们的感官系统来认知和探索这个世界。

在文案中，只有站在消费者的角度上，从感官上直观而具体地告诉消费者，使用这个产品是一种怎样的体验，消费者才会快速从这些文字中体验到产品的优势。

比如在《红楼梦》中，就有一段很经典的文字：

凤姐儿笑道："这也不难。你把才下来的茄子把皮籤了，只要净肉，切成碎钉子，用鸡油炸了，再用鸡脯子肉并香菌、新笋、蘑菇、五香腐干、各色干果子，俱切成钉子，用鸡汤煨干，将香油一收，外加糟油一拌，盛在瓷罐子里封严，要吃时拿出来，用炒的鸡瓜一拌就是。"

刘姥姥听了，摇头吐舌说道："我的佛祖！倒得十来只鸡来配他，怪道这个味儿！"

这段文字是曹雪芹耗费大量笔墨描绘的一道叫作"茄鲞"的菜，其工序之繁杂，配料之多，让人赞叹不已。人们在读这段时，被曹雪芹的文字描述调动了多种感官系统，从而对这道菜心生向往，想要立刻尝试一番。

如果让我们写这道菜，很多人只会用"美味至极""配料丰富"等寥寥数语来描绘，而这种描绘激发不了消费者的购买欲望。只有我们通过描写来调动消费者的多种感官，用感官触动消费者的感受，将文案写得让消费者一看就垂涎三尺，消费者才会产生很强的购买欲望。

2. 社会认同，制造流行趋势

《影响力》中提到，人在群体中的行为经常会受到他人的影响，甚至会情不自禁地跟随周围人的反应做出相同的反应。比如吃饭时，人们总是认为排着长队的店比较好吃；网购时，销量比较高的店家更受消费者的欢迎；买书时，畅销上万册的图书更能吸引消费者买单。

相关专家认为，这就是我们人类的从众心理。写文案也是如此，一篇销量、好评数量、用户数量比较多的文案，更容易让消费者购买文案中推荐的产品。所以我们写文案时也可以利用这种从众心理，或者尝试描述某次或几次畅销现象，让消费者产生一种畅销的感觉，那么我们就可以成功地激发消费者的购买欲望。

文案示例：

唯品会，注册会员突破一亿！（唯品会文案）

火山小视频，上亿人都在玩（火山小视频文案）

拼多多，3亿人都在用（拼多多文案）

3. 尊重顾客需求，实现顾客的自我价值

马斯洛需求理论指出，人类较高层次的需求是心理方面的需求，比如尊重、认可需求，成就、超越需求等。好的文案就是要通过激发顾客这些高层次的需求，进而激发顾客的购买欲望。

如果我们的顾客好胜心比较强，我们就可以描述使用我们的产品后，顾客就会变得更美、更强大或者更有魅力。满足了顾客的这种好胜心理后，他们才会选择购买我们的产品。比如人头马香槟的文案："一生，活出不止一生。"这就意味着喝人头马香槟的人生活得更加丰富多彩，这在一定程度上

满足了顾客的好胜心理。

还有一些优秀的文案，如：

还有 6 公里就可以发朋友圈了。（某马拉松活动文案）

像我们这个年纪，骑电动车一定要记住戴安全头盔，否则会被开奔驰宝马的同学认出来。（某交警部门温馨提示）

4.认知对比，突出产品卖点

如果顾客对我们的产品已经很成熟，我们很难再找到产品颠覆性的新功能时，就可以通过将我们的产品与其他产品对比，从而凸显我们产品的优势。顾客在挑选两件不一样的商品时，总会倾向于相对来说比较好的产品。我们通过运用认知对比来展现我们的产品优势，可以在顾客心中留下很好的印象，然后顾客就会产生购买的欲望。

比如一款榨汁机的文案是这样写的：

大部分人买榨汁机就是图方便，但是每次榨完果汁清洗滤网是让人很头疼的事情。很多人因为这个原因，买完榨汁机后用几次就不用了。

而我们的榨汁机使用就方便多了，榨完只需用水一冲就 OK，真的太方便了。

这则文案使用鲜明的对比，让消费者很容易看到这款榨汁机与其他榨汁机的差别，感受到这款榨汁机方便、省力的优势。试问，比起传统榨汁机，很少有人不想拥有这样一款简单又方便清洗的榨汁机吧？

巧妙地运用以上几种方法，可以帮助我们成功地激发消费者的购买欲望。在此需要注意的是，每一种方法都有它适用的条件，所以在使用时一定要对症下药，才能获得想要的结果。

引发焦虑

"害怕失去，会比要得到更容易让人心动。"人是感性动物，情绪上的波动最容易让消费者产生迫不及待地想要购买的感觉和冲动。在人们的情绪中，焦虑是最能调动消费者消费欲望的一种情绪。在营销行业，焦虑营销一直是很多商家惯用的方法。那些令人感到焦虑的文案，总能一下击中消费者的内心。

在人的一生中，总有很多让我们害怕的东西。比如疾病、衰老、贫穷、死亡等。这些令人感到焦虑的事情，就像压倒人们的最后一根稻草。

很多品牌都利用这最后一根稻草，来挖掘消费者的需求，进而用直面焦虑或者放大焦虑的方法告知消费者，让他们把焦虑转化为对产品的需求，那么消费者自然而然就会成为产品的忠实拥护者。

以治疗灰指甲为例，很多时候我们看到治疗灰指甲的文案都是这样的："药到病除，摆脱灰指甲。"这种文案不仅太过简单，而且还夸大了药品的疗效，不但会引起消费者的反感，甚至还会一不小心就被消费者贴上假冒伪劣产品的标签。

再看文案高手的文案：

得了灰指甲，一个传染俩。问你怎么办，马上用亮甲。（亮甲文案）

亮甲的这句文案之所以可以成为文案中的佼佼者，给消费者留下深刻的影响，大部分原因是文案利用了人们的焦虑心理。人们首先会对灰指甲的传染性产生焦虑心理，紧接着看到亮甲可以有效治疗灰指甲，于是就迫不及待地前去购买。

每个营销人都渴望自己的文案可以促使消费者下单购买产品，但是仅仅依靠产品参数和优势的阐述是很难达到这种效果的。亮甲的文案就是依靠文字激活了消费者的焦虑情绪，从而取得了成功。实际上，引发消费者的焦虑情绪可以从这两个角度出发：

1. 描述焦虑场景

我们拿一款纳米防水喷雾举一个例子。这款喷雾可以在下雨时在鞋子、背包外面形成一层保护膜，从而让我们的鞋子、背包远离污渍。我们在写文案时可以为消费者描绘这样一个让人感到焦虑的场景：

工作日下雨最崩溃了，一不小心就弄一鞋水，在公司又换不了鞋，一天下来脚一直是黏黏腻腻的，想想就很烦恼。

这则文案向消费者描绘了一种让人焦虑的场景，让消费者感知到下雨天鞋子淋湿或者进水后，脚有多难受，从而意识到买这款纳米防水喷雾的必要性。日常生活中，很多产品都适合用这种焦虑场景来激发消费者的购买欲望。

再比如，近几年比较流行的知识付费行业，很多教我们做人做事的课程占据了市场。虽然花几百块钱买这些课程还不如花二十几块钱买一本书实在，但是这种营销方式却紧紧地抓住了都市白领那种焦虑心理。

以下面这则时间管理课程的文案为例：

现在很多人的工作效率和生活状态都比较低效，大家普遍都有这种感觉：忙忙碌碌了一天，事情却怎么都做不完；工作、看书总是不专心，一心想要看手机；买了一堆书却只看了简介；夜晚精力充沛，白天精神疲惫。这些问题都源于没有正确的时间管理观念，你的时间根本不受你的控制。

虽然这则文案描述的情况我们都经历过，但是如果没有人帮我们指出来，我们是不会意识到时间管理的重要性的。只有这些课程把这些痛苦场景描绘出来，消费者才会认识到问题的严重性，进而陷入焦虑之中，开始忙着寻找解决方案。

所以，要制造焦虑，文案首先要描述焦虑场景，让消费者意识到他们现在的糟糕状态，并进一步强调问题的严重性，让我们的产品成为最佳解决方案。

要想达到这种效果，在写文案之前，我们就要经常问自己：消费者会遇到哪些糟糕的事情？他们有没有意识到问题的严重性？如何通过使用产品，帮消费者解决这些让人焦虑的问题？这样我们为消费者制造的焦虑场景才会有效。

2. 阐述未来的严重后果

假如我们为消费者描绘焦虑场景后，消费者根本不在乎现在的焦虑，反而抱有一种大无畏的态度。这时我们就可以向消费者阐述，现在的小问题如果不解决，可能在未来引发严重后果，以此警示消费者，从而达到营销目的。

比如一家电动牙刷公司推出的一则文案：

牙疼不是病，疼起来要人命。很多人都因为平时不注意保护牙齿，在疼起来时才知道后悔。但凡去过牙科的人都知道，看牙真的特别贵。最主要的是交了钱，还要遭罪。治疗牙齿时，牙医在自己嘴里钻洞的恐惧无法忘怀，疼得眼泪直打转，也不能放弃治疗。

这则文案为消费者叙述了不好好刷牙的严重后果，从而吸引消费者认真阅读，让消费者关注产品的具体功能，进而促进了牙刷的销售。这种办法就是利用消费者的焦虑情绪，让他们看到，如果不采取措施解决问题，就会产生严重后果，然后开始关注可以帮他们解决问题的产品。

文案示例：

致所有使用我们竞争对手产品的人，父亲节快乐。（杜蕾斯文案）

当你骑车时，如果旁边的汽车突然开门，那么在你受伤之前，你还剩下 1.5 秒去购买保险。（某保险公司文案）

人们的焦虑情绪会对人们的行为产生影响。文案就是利用人类的这一特点，成功完成了推销。如果我们的文案成功激发了消费者的焦虑情绪，那么我们的产品很可能就会成为他迫不及待地想消灭焦虑情绪的办法。

算账是颗定心丸

当我们的文案成功引导消费者下单时，消费者就要开始算账了。这时消费者的心里就会出现一个天平，天平的两边分别是产品的价值和价格。如果消费者已经拥有这款产品，或者他认为这个价钱不划算，那么他就会放弃下单。

如何让消费者算完账立刻下单呢？那就是不给消费者独自算账的机会，而是由我们来帮消费者算这笔账。消费者在购买之前经常会各种琢磨、纠结，各种犹豫不决。这时，我们如果帮他们算一笔账，告诉他们购买这款产品是一件很划算的事情，就相当于给消费者吃了一颗定心丸，让消费者速战速决，立刻下单。

文案示例：

现在订购我们的生态大米，不仅可以享受 8 折优惠，还可以获得专门的定量配送，每个月按照您的需求为您进行加工配送，时刻为您保留最新鲜的大米。

如果你担心生态大米的价格太贵，我们在这里告诉您，只要每个人每个月加 30 元就够了。一顿麦当劳的钱，就能享受到高品质的生态大米！

这是一家销售生态大米的商家，在这家店订购一年大米的价格是 2700元。很多消费者在看到这个价格时，都感觉太贵了。但是看了商家为消费者算的这笔账，消费者瞬间就感觉每个月多花 30 元就能享受到这种生态大米，真的很划算。这就是我们替消费者算账的好处。

帮消费者算账，可以借鉴以下三种方法：

1.平摊价格

当我们的产品很耐用，或者拥有很持久的效果，但是价格比较昂贵时，我们可以用价格除以天数，帮助消费者算出一天需要多少钱。这样就能有效地把价格平摊到消费者能够接受的程度，从而让消费者觉得购买我们的产品很划算。

比如很多女性最讨厌的一件事情就是洗碗，整天把手泡在油腻腻的洗碗池里，想想就觉得难以忍受。而洗碗机就是解救她们双手的救星，很多女性都被洗碗机圈粉，被洗碗机的一键洗碗功能打动。

但是洗碗机的价格却有点儿贵，一般都在几千元左右。这让很多女性望而却步。她们一方面很想通过洗碗机解放双手，但是另一方面又觉得使用洗碗机好像太奢侈了，反正自己已经习惯天天洗碗了，所以可以继续忍受下去。这时有一家洗碗机商家就利用一则文案，彻底消除了这些女性的顾虑。

这则文案是这样写的：

洗碗机比洗衣机更重要，一日三餐都少不了它。有了洗碗机，双手再也不用天天泡在油腻的洗碗池里了，而且冬天也不用担心冻手了。最重要的是一台洗碗机正常使用的话，寿命一般保持在 5 年以上。

一台洗碗机 2800 元，折算到每天只需 1.5 元。在现在，1.5 元请一个洗碗的保姆简直天方夜谭，但是洗碗机却做到了。1.5 元轻松帮你搞定洗碗这么令人讨厌的事情，难道你不想试试吗？

这则文案真的很吸引人，把 2800 元平摊成每天 1.5 元，瞬间就让消费者感觉很划算。每天 1.5 元就能解放双手，让家庭女性摆脱洗碗的烦恼，相信大部分人都会为此心动不已，只想赶紧下单购买吧！

2. 帮消费者省钱

如果我们的产品具有很好的节电、节水或者等同于其他消费支出的效果，那么我们就可以帮消费者算出使用这款产品能够节省多少钱。一旦当消费者发现自己的钱马上就可以"回本"后，他们就会立刻觉得购买这款产品很划算，这样我们推销产品的目的就达到了。

文案示例：

传统净水器出 1 杯纯水，产生 3 杯废水；我们的净水器出 1 杯纯水，产生 1 杯废水。

假设普通家庭平均每天使用 0.2 吨纯水，如果使用传统的净水器，一天下来就产生 0.6 吨废水。如果使用我们的净水器，每天只会产生 0.2 吨废水。这样一天我们就节省 0.4 吨水，1 年下来我们可以节约 700 元水费。

这家公司的净水器售价 1799 元，如果商家直接写售价，相信大部分消费者都会被这个价格吓跑。而采用这种算账的方法，让消费者认为使用这款净水器每年可以节省 700 元，消费者就会感觉很划算。而且一年节省 700 元，两年就能节省 1400 元，所以两年多就可以回本了，这对于消费者来说的确是一件很有诱惑力的事情。

如果我们想让消费者花 299 元买一个烤箱，消费者或许要考虑自己是否真的需要。但是我们如果告诉他，在外面吃一次烤鸡或者西餐就要花 200 多元，消费者就会觉得买烤箱很划算。

3. 增加产品的附加价值

文案本身就是一种可以给产品带来附加价值的工具。当我们的产品能够给予消费者一些附加价值，比如赠送其他商品、提高身份地位等，我们产品的昂贵价格就不会让消费者感到害怕了。

比如兰蔻在某年的"双 11"促销中，一瓶小黑瓶化妆品的价格就达到了 1480 元。很多消费者看到这个价格都大吃一惊。但是当消费者看到只要购买一个小黑瓶，就能同时拥有其他 9 个商品时，很多人就在心里算了一笔账："1480 元买一瓶化妆品确实有点儿贵，但是平时买这样一套化妆品也在千元左右，更何况这次 1480 元能买 10 种化妆品，这样算起来真的很划算。"

当消费者看到产品的附加价值后，就会感觉自己赚到了，所以就会毫不犹豫地将这款产品加入自己的购物单里。

当消费者质疑产品的价格时，你告诉他这款产品出自著名设计师之手，或者对他说："你不花钱迟早有别人替你花。"这些话并不能完全消除消费者的顾虑。但是，如果你站在消费者的角度上，帮他算一笔账，用事实告诉他购买产品是多么划算的事情，相信大部分消费者都会乖乖地吃下这颗定心丸，然后兴高采烈地购买我们的产品。

消除顾客的压力

当我们购卖一款享受型产品，比如高档家居用品、高档数码产品、高档衣服时，大部分消费者都有过这样的想法：这款产品真的很不错，可以给我带来更多的享受，但是花这么多钱好像太奢侈了，我这样大手大脚不好吧？

这种现象就是导致很多消费者最终迟迟不肯下单的原因。这些享受型的产品在日常生活中并不是必需品，所以很多人都会因为它的价格犹豫不决，不能痛快地买单。面对这个问题，我们可以寻找消费者能够接受的一个购买理由，从而让消费者没有购买的压力。

也就是说，我们要想办法告诉消费者，他们购买我们的产品并不是为了个人享受，而是有正当理由。单纯的个人享受总是会给消费者带来负罪感，所以我们的目的就是消除消费者的负罪感，让消费者可以尽快下单。

一般来说，消费者正当的消费理由主要有以下四种。

1. 为孩子购买

全家人最在意的就是孩子的成长，中国的父母、长辈总是会为了孩子付出一切。如果一款产品有利于孩子的健康成长，或者能够让孩子变得更加优秀，那么大部分人都会毫不犹豫地购买产品。

李大伯的电动车因为骑的时间长了经常坏，但是节俭的李大伯总是舍不得换新的。一位电动车店的老板知道后，这样对李大伯说："您的旧车前面太小了，您的孙子只能坐后面，这样有人把孩子抱走，您都不知道。您再看我们的新车在前面专门设有儿童座椅，您就可以随时看见他了。"

李大伯本来犹豫不决，但是听完老板的话，立刻掏出3500元，痛快地买下了一辆新的电动车。

买新的电动车如果只是为了让李大伯自己享受，李大伯的心里就会过意不去，觉得花这么多钱去享受太浪费了。电动车店的老板看穿了李大伯的顾虑，于是从李大伯孙子的角度出发，给了李大伯一个正当消费的理由，李大伯就会觉得自己买电动车是为了孙子的安全，于是李大伯就心甘情愿地掏钱买了新电动车。

2. 给别人送礼

很多时候，人们为了感谢家人、朋友或者同事，经常购买一些高档礼品来表达谢意。或者为了俘获恋人的芳心，就会费尽心思给恋人送一份很好的礼品。很多人在给自己买东西时都会舍不得花钱，可是送礼时却变得豪爽大方，因为送给别人礼品是一个很好的正当消费的理由。

小关刚大学毕业不久。一次，他逛商场时看上了一条裙子，很适合自己的女朋友。当他看到2500元的标价时，又觉得有点儿负担不起。售货员看出了小关的犹豫，于是对小关说："这款裙子卖得很好，送给女朋友她肯定很喜欢，而且女朋友肯定会因为您舍得为她付出而更加喜欢您。"小关一听，顿时心花怒放，痛快地付了钱。

聪明的销售员很善于引导顾客下单，千万句让小关得到满足的话，都不如他女朋友的一句喜欢。销售员就是抓住小关的这个软肋，给了小关一个正当消费的理由，从而成功地让小关买单。

3. 为了身体健康和照顾家人

俗话说"身体是革命的本钱"，但是很多人总是为了省钱而忽略自己的小病小痛。如果我们单纯地告诉消费者购买产品是为了自己身体好，这样显然不能打动消费者。但是我们如果告诉消费者只有身体健康，才能更好地照顾家人，那么消费者很有可能就会心动。

一生中，我们有三分之一的时间都是枕在枕头上度过，成功人士并不只是懂得努力，他们更懂得好好休息。夜晚可以缓解颈椎压力、帮助我们快速睡眠的一款枕头，才是我们白天精神饱满的动力。只有睡好觉，才能更好地做好工作，从而有更多的精力来照顾我们的家人。

这是一则高档护颈枕的文案。这则文案并没有只从消费者个人享受的角度来阐述产品，而是从健康和爱护家人两个角度出发，让消费者感受到自己买这个枕头不是为了个人享受，而是为了有个健康的身体，从而能更好地照顾自己的家庭。这样一来，消费者的负罪感就消失了，他们才会心安理得地购买这款价格很高的枕头。

4. 为了提升自己

如果你告诉消费者这款产品能够让人们更好地享受生活，还是不足以激发消费者的购买欲望，这时你可以告诉他购买这款产品可以提升自己，对自己的事业发展很有利，那么就可以成功地激发消费者的购买欲。

比如一款价值上万的高档笔记本电脑，很多消费者都不会单纯地为了它的美观、高端而痛快地购买。如果我们的文案中这样写："用更美的东西才能更好地享受工作。"很多人就会动心。他们就会说服自己，花上万元购买电脑不是为了个人享受，而是为了更好地工作。

很多消费者不是不想购买产品，而是缺乏一个购买产品的正当理由。人们总是想让自己或者别人认为，自己所做的一切都是为了别人好。当消费者认为购买产品只是为了个人享受时，他的心里就会产生负罪感。这时消费者就会担心自己太奢侈了，或者自己的行为不会得到别人的认同，这就会导致他们放弃购买。

我们要想正确引导消费者下单，就要学会看穿消费者的这些小心思，认真寻找一个消费者可以接受的正当理由，让消费者觉得购买产品是一件必需去做并且正确的事情，他们就不会因为内心的负罪感而拒绝购买。只要我们满足消费者的这种心理需求，让他觉得购买我们的产品是正确的选择，人们就会心安理得去购买产品。

既然"强扭的瓜不甜"，那么我们就要学会让瓜自己乖乖落地。用文案推销产品也是如此，我们要告诉消费者他值得拥有这件产品，而不是告诉消费者快来购买这件产品。

限时限量，增加紧迫感

"物以稀为贵"，越是稀有的产品，越容易激发消费者的占有欲。营销文案只有让消费者觉得不立刻采取行动就是一种遗憾时，消费者才不会犹豫不决不肯掏钱买单。简单地说，我们的目标就是让消费者马上购买，而要达到这一目的，我们就要让消费者感到他不这么做就会吃亏。

促销文案经常采用的方法就是限时限量，进而营造一种"如果错过购买机会，产品就会涨价，甚至售罄，从而再也买不到这款产品"的氛围。这种限时限量的方法其实就是通过制造稀缺感，来激发消费者的紧迫感，从而迫使消费者必须马上做出购买决定。

常见的限时限量方式有三种。第一种是限制时间。给消费者一个活动截止时间，让他觉得此时不买，过后价格就会上涨，自己就会吃亏。

比如某生活用品店文案：

卫生纸、洗衣液、棉拖鞋、通用湿巾，四件套 6.6 元起，限时 24 小时抢购！

第二种是限制数量。给消费者提供一个有限的数量，营造一种抢完为止的氛围，消费者很容易就会成为抢购大军中的一员。

比如苏泊尔的一则文案：

苏泊尔电器降价 1 天，50 元起抢购甩脂机、电饭煲等。

第三种是限制身份。让消费者觉得自己是被优待的人群，从而产生自豪感和优越感，让消费者可以兴高采烈地购买产品。

比如一家甜品店的文案：

学生专享福利，半价抢购甜点、奶茶，这个周六等你来约！

接下来，我们用几个精彩的案例详细分析一下限时限量的文案写作方法。

1. 限时抢购

儿童智能手表市场竞争一直很激烈。智能手表公司要想快速从行业中脱颖而出取得不错的销量，是一件很难的事情。一家儿童智能手表公司刚开张不久，他们的手表比不过大品牌的名气，却比小众品牌的手表高端。

为此，老板为了尽快让自己的手表畅销，写了这样一则文案：

用贴心的关怀与爱护，让孩子随时随地享受到家人的关爱。用一顿饭钱换孩子更安全的生活。随随便便一顿西餐就要花费 300 元，如果换成这款手表，我们还能找您 32 元。此款手表正式售价 499 元，现在抢购只需要 268 元。时间截止到 7 月 13 日，您还在等什么？

268 元买一只手表，看起来是一个不高不低的价格，但是很多家长在购买时还是会犹豫。这家店的老板首先利用家长对孩子的关爱，给家长一个购买产品的理由，然后采用限时抢购的方法，营造出此时不买将来会花更多钱的紧迫感。

有意向的消费者在看到手表能随时随地保护孩子时，就已经动心了，毕竟孩子的安全是很多家长最关心的问题。当他们看到这款手表之后会涨到499元时，就想立刻行动了。因为现在买就相当于节省了100多元，所以现在购买对于他们来说是一件很划算的事情。

最终，在老板的限时促销活动下，这款手表在一个月内销售1000多只，成功解决了老板的烦恼，让这家店在行业中有了一席之地。

2. 限量销售

老马多年来一直混迹于互联网营销圈，在微信引流方面尤为擅长，所以这几年的营销盈利十分可观。近日，老马产生了一个新的想法——他想利用自己多年来学到的技巧创办一个培训班，手把手教学员微信引流的技巧。

老马这次培训班的定价是一次性交6600元，这对于大部分消费者来说是一笔不小的费用，甚至就连老马的一些忠实粉丝都有些犹豫。

老马面对这样的境况，却不慌不忙地设计了这样一则文案：

本培训班的最终目的是手把手教学员做那个抢饭碗的人。打破某些行业的潜规则，在行业中大展身手是我们每位学员都可以做到的事情。基于某些人的"饭碗"问题，本次培训将是3个月来的最后一次培训，并且为了保证教学质量，本次培训限额50人，现在已经有34人付款订购。仅剩16个席位正在抢购中，能不能抢到就看你的运气了！

这则文案不仅告诉消费者，错过这次还要等3个月，从而让消费者意识到机会难得。而且他还利用限额的方法，给消费者制造了一种学员限量的急迫感，让消费者认为这次报名很火爆，仅剩的名额特别稀少，以此让消费者立刻下单。

这则文案成功吸引了很多消费者，最终一共有87人缴费报名。老马这次不但达到了自己的预期，还多赚了37份报名费，真的是一下赚了个盆钵满溢。

3. 限制身份

一家公司销售的助听器都是产自德国、美国等国家的先进产品。为了拓展客源，他们试图用大量的广告来吸引听力障碍者购买产品，甚至采用每副助听器补贴 100 元的优惠措施来促销。活动刚开始，的确吸引了一些消费者上门咨询，但久而久之，人们厌倦了各种优惠，因此这家店的生意越来越不好。

这时要怎么利用产品的稀缺性，让补贴 100 元的优惠发挥其作用呢？

其实，文案可以利用限制身份的方法，这样写：

一年一度的老年人听力康复援助活动正式开启。由于此次活动力度较大，我们只限 60 岁以上市民享受每副 100 元的补贴优惠。每日限额 8 个，请凭身份证领取！

这则文案限制了产品的领取年龄，还要凭身份证领取，这就有效提高了这款助听器的门槛，让很多老人觉得这是一种特殊的优待，因此他们心中就会产生庆幸的感觉，进而产生立刻行动的冲动。最终，这家店助听器的销量因此提高不少，每天客流增加了许多。

消费者在购买商品时总有这种心理：现在我好像并不太需要这款产品，算了，下次再说。这种心理就是导致消费者经常犹豫不决的原因。只要我们消除他们的这种心理，他们就会购买。比如，我们可以告诉他们，现在的机会十分难得，现在的数量十分有限，失去了就再也没有了，或是只有部分人群才有资格购买。消费者看到这种情况，就会变得很紧张，就会因为担心抢不到而快速购买。

引导顾客快速下单

当我们成功激发了消费者的购买欲望，并且赢得了消费者的信任时，我们是否就真的成功了？当然没有。因为打动顾客并不是我们的最终目的，成功地让顾客掏钱下单才是我们的终极目标。理想和现实看起来只有一步之遥，却又相隔万里。

顾客之所以被文案吸引，是因为顾客是从感性角度来看待产品的。一旦到了掏钱下单的步骤，顾客就会从感性世界中清醒过来，开始理性地看待问题。他们往往在这时会衡量购买产品的好处，或者失去这笔钱之后的痛苦，所以这一步也是顾客的犹豫期和拖延期。

要想化解顾客"等等再买""太贵买不起""现在我还不需要"等多种拒绝的理由，我们需要做的就是去引导顾客快速下单。那么如何让消费者看到我们的文案后，就毫不犹豫地下单购买呢？下面，我们就具体介绍一些引导消费者快速下单的妙招。

1.给顾客一个立刻行动的理由

顾客购买产品的过程，从本质上讲，其实就是一场投资。顾客付出一定的金钱和机会成本后，希望在这场投资中得到最大的收益，这就是顾客总是货比三家，或者今天看明天选后天买的原因。如果我们想让顾客快速下单，那么我们就要给顾客一个立刻购买的理由，从而有效解决顾客的拖延症。

比如耐克的一则文案："日复一日——想做就做！"这则文案的目的就是把顾客的拖延症公之于众，让顾客意识到自己经常拖延的问题，从而立刻行动起来。

日常生活中，很多产品比如手机、食品、衣服等，都不是顾客迫切需要的东西。由于我们勤俭节约的文化传统，很多人都会把这些生活中的正常购物需求看作是个人享乐，这就是顾客购买时总是拖延的原因。如果我们想快速把这些产品推销出去，就要告诉顾客"明日复明日，明日何其多"的道理，让他意识到要买就得现在快速下单。

文案示例：

抱怨了无数次纸太硬，但总是觉得"下次再换"最划算。××卫生纸，劝你买一次，就劝这一次。（某卫生纸文案）

今天的全款到明天只能变成首付。（某房地产文案）

2.让顾客觉得物有所值

有人曾经做过这样一个实验。他把顾客分成两组，然后分别问他们同一款感冒药的估价，唯一的区别是问法不同。他这样问第一组："你觉得这盒感冒药多少钱？"这样问第二组："你觉得这盒感冒药超过300元了吗？"这两个问题看似没有差别，但是得到的结果大相径庭。第一组顾客对感冒药的估价大部分是50元左右，但是第二组顾客的估价大部分在200元左右。其实，这个实验出现这样的结果，是因为测试者运用了价格锚点理论。

一般来说，一盒感冒药的价值不可能达到200元，但是当测试者给了顾客300元的心理暗示后，顾客就会受到价格对比的影响，从而得出价格200元的结论。

认知心理学家根据研究发现，人们的决策取决于事物的背景。人们判断一个东西的价格高低时，通常依据同类商品的价格。商家经常采用价格锚定效应，将自己的产品与一个更贵的产品进行对比，顾客通过对比就会觉得这款产品很划算，从而选择立刻购买。

比如一则口红的文案：

买口红最费钱了，动不动五六百就没了。但今天这款迪奥口红只需299元，划算至极，就等你来选购！

3.降低顾客的决策成本

一位文案高手曾经说过："顾客做出决策时经常会受到很多消费成本的影响。"比如，这款产品好像用处不大，买了可能会束之高阁。再如，这个蛋糕看起来真的很好吃，但是吃了会变胖。这些都是消费成本对顾客的影响。

顾客在决定购买时总是有各种纠结，要想解决顾客在成本上的顾虑，我们就要准确地识别顾客购买产品可能需要付出的成本，并且把这些成本降低，顾客才可能快速付款购买。

降低顾客决策成本的办法有很多。比如，权威转嫁，利用名人效应为产品做担保，让顾客消除对产品的疑虑。再如，风险转嫁，把风险转嫁到商家那里，消除让顾客承担风险的概率。天猫的七天无理由退款，或者培训班包过班，其实就是利用风险转嫁的方法。

文案示例：

××明星倾心推荐，××智能手环你值得拥有！（某智能手环文案）

××行业协会认证，用专业的心，做专业的米。（某大米文案）

××电器，12天无理由退款，不满意算我输，运费我来出！（某电器文案）

能够吸引顾客，让顾客信任我们的产品，这些虽然是文案的要求，但是这些要求说到底都是为了推销产品而服务的。如果我们的文案不能成功地推销产品，那么即使我们的文案有多么吸引人，甚至让消费者潸然泪下都于事无补。

一篇优秀的文案不仅要把我们的产品包装得很精美，更重要的是要引导顾客快速购买我们的精美产品。很多文案改了无数遍，从遣词造句到标点符号都反复雕琢了无数次，但是产品销量总是不见起色，这是没有正确引导顾客快速下单导致的。

正所谓"路漫漫其修远兮",写文案并不是一蹴而就的事情。写文案很简单,要写好文案却很难,要写好能"带货"的文案更需要不断练习。

为发烧而生的小米

小米手机几乎是与中国互联网一起成长起来的。从 2010 年到现在,小米手机的成长史几乎可以说是中国移动互联网的变迁史。而同样一步步成名的还有开启互联网卖货时代文案新纪元的小米式文案。

小米手机的联合创始人黎万强,曾经在《参与感》这本书中写道:"小米的文案有两大特点。一是直接,讲的都是用户一听就能明白的大白话。二是切中要害,能够让用户感知到产品特点,并且被小米的特色打动。"

小米 1:小米,为发烧而生

最经典的小米手机文案莫过于"小米,为发烧而生",这是在手机圈广为流传的一句文案。

小米手机的这句文案不仅仅是一句广告语,更是对小米品牌的自我定位。2011 年,小米 1 的问世开创了手机新纪元。在苹果、三星等手机盛行的年代,小米用自己的"发烧"精神在中国手机界迸发出不一样的光彩,中国国产手机时代的序幕由此拉开。

生活中,有一群人被称为发烧友,他们总是追求更好的体验。他们希望用自己的研究和探索,可以用最低的成本达到更高的品质。小米手机的用户定位就是这群对手机科技带有浓烈情感的发烧友,小米手机的使用者和体验者无一不为它的"发烧"精神赞叹。

小米 2:小米手机就是快

"小米手机就是快"是小米 2 推出的文案。这时智能手机刚刚占领市场,消费者对智能手机的认知当时还不充分。所以面对鱼龙混杂的手机市场，消费者最关心的就是智能手机的运行速度。小米2有效抓住了消费者的需求，凭借这则简单粗暴的文案，迅速在市场流行起来。

其实，在确定"小米手机就是快"这句文案之初，小米公司员工想到了类似"唯快不破""性能怪兽"等十几个文案。虽然这十几个文案的核心卖点就是"快"，但是相对于"小米手机就是快"来说，这些文案还是有些不好理解。

一则广告其实就像一组编码，消费者在看到广告时都需要解码，从而获取产品信息。如果文案做得很华丽，那么消费者解读时就会有很多干扰项。而"小米手机就是快"这句文案直截了当，很容易让消费者解读，所以更能保留小米手机的真实性特点。

小米3：迄今为止最快的小米手机

随后，小米3出道，它的文案变成了"迄今为止最快的小米手机"。这款手机和小米2一样，主打手机运行速度。在智能手机霸占手机市场的时代，消费者使用智能手机最关心的就是手机不卡顿，所以运行快一直是消费者对手机最直接的需求。小米3用"迄今为止""最"，直接展现了小米手机的特色，正面迎合了消费者的需求。

小米4：一块钢板的艺术之旅

小米手机的这句文案"一块钢板的艺术之旅"，恰到好处地帮小米手机完成了一次华丽的转身。随着智能手机的发展，手机的运行速度慢慢提高。消费者对手机的需求除了快之外，开始有了很多外观上的需求。小米4用打造艺术品的技术打造出了外观帅气的小米4。这不得不说小米手机一直走在消费者的前面。

小米5：十余项黑科技，很轻很快。

小米5文案的发布带红了黑科技这个词。黑科技原本指的是现实世界中出现的人们无法理解的神奇事物，但现在指的是令人赞叹的新技术、新软件、新科技。小米5文案中的"黑科技"满足了消费者对科技的要求，让人们体验到了科技时代的不断创新。

小米 Note2：双曲面商务旗舰，一面科技，一面艺术。

小米手机这次利用名人效应，请著名明星梁朝伟前来助阵。梁朝伟的迷人微笑再配上文案"一面科技，一面艺术"，让很多消费者成为小米的"迷粉"。这句话成为备受推崇的文案，使小米手机一时间"完胜"很多其他手机品牌。

后来，随着科技的进步，人们对手机产生了越来越高的需求，促使手机文案也一步步发展。随着女性购买者逐渐增加，消费者不仅对手机外观有了更高的要求，而且对手机拍照效果的要求也越来越苛刻。

于是，小米手机的定位也开始向拍照手机转型，它的文案也着重突出优异的拍照功能，比如下面几则文案：

小米 Note3：自拍美，拍人更美。

小米 5C：又轻又薄的拍照手机。

小米 6：变焦双摄，拍人更美。

近年，全面屏手机成为手机市场的潮流，人们对于手机拍照功能和手机外观的要求越来越高。于是，小米手机针对消费者的需求，研发出全面屏手机，并且其唯美的海报和文案也迅速在广告圈传播。其具备超强带货力的文案很值得我们学习和借鉴。

小米 MIX：小米概念手机，全面屏，仿佛握着全世界。

小米 MIX2：全面屏2.0，进化，一次趋向完美的进化。

俗语说，"世界上没有十全十美的事情"，小米手机也是如此。小米手机从上市之初到现在，其中虽然有很多褒奖，但不免也存在很多非议。其中有一点是人们不可否认的事实，那就是小米手机确实引领手机走向了一个崭新的时代。

小米手机其实就和它简单直接的文案一样，没有很多华丽的外表，但难能可贵的是小米一直奉行真诚原则。小米凭借这些大白话文案和"价格屠夫"的风格，走出了一条属于自己的路。它不仅给消费者带来了实惠的价格，更让消费者享受到了科技的创新。

第七章　打破思维的墙：学会应用工具

寻找灵感的好去处

写文案很考验一个人的文字功底。谁都有文思泉涌，下笔如神之时，但是谁也都有灵感缺失，无从下笔之际。

然而创意并不是随随便便就可以想出来的。人们最苦恼的莫过于绞尽脑汁想出来的文案，到了领导眼里总是相貌平凡。其实，要想让自己的文案不平凡很简单，找到这些灵感的源头，你就会发现博领导一笑其实并不难。

1.产品名称

很多优秀的文案创意都来源于商品名称，尤其对于很有创意的商品名称来说，商品名称更是一个寻找灵感的好去处，比如"好吃点"的文案："好吃，你就多吃点。""好吃点"的商标本身就是一个好创意，所以它的文案也成功地表达了商品的诉求。

再如《经济学人》杂志的文案:"我自己从来不读这本杂志。"很多消费者看到这句文案都会产生很大的兴趣,而所有看到最后的人才发现说这句话的人已经42岁了,但是还在当实习生。《经济学人》杂志利用这句文案,巧妙地告诉消费者不看这本杂志的后果,从而达到了推销的目的,所以把产品的名称当作文案的素材,其效果显然很好。

2. 产品制造方式

如果我们的产品制造方式很独特,或者有其他特点,比如手工打造,或者用一万度高温烤制,或者运用了特殊工艺,这些都是产品本身的卖点。我们在写文案时就可以运用这些卖点,将自己的文案包装得更有创意。

比如农夫山泉的文案:"我们不生产水,我们只是大自然的搬运工。"这句文案就是利用农夫山泉的特殊制造方式,从而在广告圈一炮走红。我们都知道,我们平常喝的矿泉水大部分都是经过加工制作而成的,所以没有经过加工,直接把水搬运过来的农夫山泉就成功地博得了消费者的喜爱。

3. 产品历史

如果在现实生活中,我们很难找到产品的创意之处,那么不妨去追溯一下产品的历史。然后从产品历史出发,为消费者讲述一个属于品牌的故事。故事对消费者一直都有很强的吸引力,所以故事一般都能为我们的文案锦上添花。

文案示例:

当左岸开始变成一种形容词,我们都爱上左岸咖啡馆。十九世纪,法国巴黎的塞纳马恩省河蜿蜒西流穿过巴黎市中心。河以北被称为右岸;以南则被称为左岸。

……

对于一杯咖啡,左岸咖啡馆所倾注的不只是二百五十克的黑色液体,而是一份数百年来对人文思想的尊敬。这样的尊敬，被生存在现代的我们珍藏着，左岸咖啡馆想带给每一位消费者的是一个文学大梦。

……

（左岸咖啡文案）

4.产品用途

使用我们的产品会发生什么情况，产品使用后有什么样的效果？我们写文案时可以通过这些问题来寻找我们产品的用途，从而挖掘产品的价值，进而找到文案写作的正确方向。比如，联想超薄笔记本的用途就是可以轻轻松松地放进公文包里，十分节省空间，所以它的文案就可以从小巧、轻便等特点入手。

5.产品的旧广告

很多消费者都有怀旧情怀，他们觉得自己用惯的产品更可靠，所以当我们写文案时还可以借助一些旧广告中的标语或者图像，以此来赢取消费者的信任。

文案示例：

离开会议发现安静的快乐；离开策略发现创意的快乐；离开同事发现和平的快乐；离开权利发现安全的快乐；离开网络发现无知的快乐；离开键盘发现书写的快乐；离开饭局发现美食的快乐；离开办公室发现新况味的快乐。（诚品书店文案）

小时候，一听见芝麻糊的叫卖声，我就再也坐不住了。（南方黑芝麻糊文案）

6.影视节目

除此之外，我们还可以借助电影中的经典台词来激发自己的灵感。比如电影《霸王别姬》中有一句台词："说的是一辈子！差一年，一个月，一天，一个时辰，都不算一辈子！"如果将这句台词作为手表文案就很合适，因为两者强调的都是时间的准确性。

7. 节日套路

我们还可以借助节日来发挥创意。每个节日都有它的特殊意义，只要我们将自己的产品与这些特殊意义结合起来，我们就可以写出让人眼前一亮的文案。在此，举几个经典的例子，或许可以让你找到灵感。

妇女节：点滴女人味，做自己的女王！他们说，头发太短，女孩就应该有个女孩样。我说，女孩应该什么样？我的人生我来定。(蒙牛文案)

母亲节：你根本不知道，自己有多美。想给你好好化个妆，和我逛街，你绝不是陪衬。(兰蔻文案)

愚人节：愚人节适合表白吗？适合愚人表白。知乎，用最少的字骗最多的赞。(知乎文案)

虽然文字功底对于文案撰稿人来说十分重要，但是文案最终比的还是推销产品的创意，所以灵感对于文案撰稿人来说是不可或缺的东西。文案是根据产品来写的，而产品又是根据生活需求产生的，所以文案其实来源于生活。要想为我们的文案增加创意，那么生活才是灵感的源泉。

总之，灵感来源于生活。当我们没有灵感，缺乏文案创意时，最好的办法就是回归生活，从生活的点滴日常里去寻找灵感。一个简单的名字，一种悠远的情怀，或者一个普通的节日，很多地方都有可能成为创意的发源地。只要我们用心去寻找，灵感总会随之而来，写出一篇有创意的文案也可以变得很简单。

找到顾客痛点的发源地

"好酒不怕巷子深。"很多商家都认为只要产品好，迟早会得到人们的喜爱。但是，在现在这个互联网时代，如果"好酒"没有好文案，那么"好酒"可能只会埋没在幽深的巷子里。不得不承认，在这个时代，文案是与用户沟通最锋利的工具。

移动互联网时代的营销推崇粉丝经济，很多品牌都想尽一切办法吸引属于自己的忠实粉丝，从而打造自己的品牌。要想让我们的产品万众瞩目，首先要做的就是取悦我们的粉丝。谁能找到粉丝的痛点，成功俘获他们的芳心，那么谁就找到了致富的金矿。

那么如何找到顾客的痛点，写出优秀的品牌文案呢？首先，我们需要知道什么是痛点。痛点就是顾客深层次的需求和渴望。简单来说，就是顾客感觉到缺少，从而想要获得的东西。其次，我们要想抓住顾客的心，就要找到顾客痛点的发源地。一般来说，顾客的痛点发源地有以下几个方面。

1. 人性的弱点：虚荣心理

不可否认，几乎所有人都有虚荣心。当人们满足自己的基本需求后，大部分人都会追求精神层面的满足。比如男人渴望金钱、名誉、事业上的满足，女人喜欢名牌、外表、伴侣的陪伴等。

虚荣心往往让人有极强的自我表现欲，希望自己可以得到别人的认可，喜欢炫耀和攀比。很多商家销售产品就善于抓住顾客的这一痛点，从而激发顾客的购买欲望。

比如苹果公司在 2018 年为了致敬乔布斯与苹果手机问世十周年，发行了 iPhoneX。这堪称当时最贵的一款苹果手机，但是很多顾客并没有因为高昂的价格退却，反而因为虚荣心的驱使，加入到抢购大军中。

我们写文案时，如果能够满足顾客爱表现的心理，为顾客制造高档次的氛围，那么顾客的虚荣心就会被满足，从而能够与我们的产品产生共鸣。

2. 羊群效应：从众心理

从众心理是一种很普遍的心理现象。人们总是为了消除风险或不安，寻求认同感或归属感，从而选择跟随群体的盲从行动，这种行为被称为"羊群效应"。简单来说，顾客总是倾向于站在多数人那边。所以能够被群体认同的文案，更容易让顾客产生信任和共鸣。

比如购买空调时，如果朋友告诉你，他用的是某个品牌，并且说他周围的朋友、亲戚都在用这个品牌，那么你的心里自然而然就会产生"大家都在用，我也去用"的心理。这样一来，你购买这款空调的概率就会增加。

除此之外，很多畅销书的封面文案利用的也是人们的从众心理。比如著名儿童文学小说《小王子》的封面文案是"全球销量超过 2 亿册"。很多顾客看到这么多的销量，不经意地就会产生"这么多人都在读，我也要读"的从众心理，从而增强自己的购买欲望。

3. 强烈的探知欲：好奇心理

好奇心不需要引导，是人们与生俱来的一种心理反应。人们对于新鲜、独特、奇异的事物总是有着强烈的探知欲，迫不及待地想要满足心理上的追求。举一个很常见的例子，当我们在朋友圈看到被转发很多次的文章时，往往会因为好奇心忍不住点进去一探究竟。

冰山一角对于顾客来说并不稀奇，他们更好奇的是冰山一角下面的景色。由此可见，好奇心也是顾客的痛点之一。如果我们的文案通过制造悬念，或者采用暗喻等形式来勾起顾客的好奇心，那么顾客很容易就会被我们的产品吸引。

比如长城葡萄酒的一则文案标题：

十年间，世界上到底发生了什么？

这则标题运用疑问给消费者留下了很大的想象空间。很多顾客看到这则标题时，他们的第一反应就是去想这十年间的大事件，然后顾客就会带着好奇心读下去，急切地想要证明自己的猜测是否正确，于是很多顾客不自觉地就看完了这则文案。

4. 危机意识：焦虑心理

当人们面对某些自己不愿意面对的事物或者情境时会产生焦虑心理。焦虑心理会促使人们去做一些事情，从而减轻或者消除这种心理。比如人们惧怕疾病或者死亡，所以选择购买保险；因为害怕衰老，所以选择购买某些抗衰老的产品。

在文案中，我们可以利用顾客的焦虑心理，通过制造压力戳中顾客的痛点，从而让顾客选择购买我们的产品，来减轻自己的焦虑心理。在现实生活中，很多公益广告经常使用这种方法，目的就是敲响警钟，唤醒人们的危机意识。

比如一则禁烟文案：

你吸烟不要紧，但别拉你的孩子陪葬

这则文案就是直接把对死亡的恐惧摆在人们面前，同时利用父母对孩子健康的担忧，达到警醒的效果。孩子就是顾客最大的痛点，很多顾客会忽视自己的生命，但孩子却是自己的珍宝。所以为了孩子，很多人会戒烟。

再来看下面的文案示例：

这几种致癌食物，你还在经常吃吗（某健康网站文案）

在互联网发展的时代，充满了形形色色的文案，但是真正能够戳中人心，给顾客留下深刻印象的文案并不多。这其中最重要的原因就是，大多数文案要么针对的是顾客无关紧要的需求，要么就是一些早已过时的卖点。它们都不能戳中顾客的痛点。

优秀的文案往往善于攻心，深知顾客的痛点，能够满足顾客的需求，从而提高顾客的购买欲望。所以知道顾客的痛点在哪里，能够让顾客感受到不买我们产品的痛苦，才是我们文案需要考虑的问题。

拆解经典文案

文案最终只是向消费者展示一种结果。如果我们要想知道那些经典文案为什么那么优秀，就必须学会拆解这些经典文案。其实这就像一个学生如果考了 100 分，我们不能单纯地把这个结果归结于他做试卷的能力，而是要逐步分析他的智力水平、家庭教育、成长经历等因素。

要想学习经典文案，并不是简简单单地看几遍文案就可以，而是要认真了解经典文案的形成过程。正所谓"授人以鱼不如授人以渔"。我们只有拆解了这些经典文案，才能掌握经典文案的写作思路，才能真正学会优秀文案的写作方法。

首先，拆解文案之前我们需要了解一个商业基本常识。在文案中，我们可以把商业产品分成两大类：一类是无限改进型；另一类是有限改进型。

无限改进型产品指的是可以随着科技进步不断改进的产品。比如电脑、手机、汽车等这类产品，只要我们有想象力，就可以无休止地对它们进行改进。

有限改进型产品指的是本身改进是有限的，一旦到达某种程度后，就很难再有跨越式改进的产品。比如白酒、饮料、洗发水等产品。他们的改进空间很小，很难在品质上产生差异，这些产品就是有限改进型产品。

在了解文案中的产品分类后，我们才会知道不同的产品在推广方式方面的区别。针对无限改进型产品来说，我们的推广侧重于产品性能；对于有限改进型产品来说，我们推广的侧重点是产品品牌。

比如，江小白之所以销量很高，并不是因为它的口感好，而是依靠它的品牌效应。OPPO手机的主打卖点是它的快充功能"充电5分钟，通话两小时"，其推广的产品意义是大于它的品牌。所以在写文案之前，只有分清我们的产品分类，才能找到文案的正确写作方向。

其次，拆解文案的第二步就是分析经典文案的定位三部曲：产品定位、市场定位、传播定位。文案的定位三部曲是形成最终文案的关键过程。下面以红星美凯龙的文案为例，进行详细的文案拆解。

第一部：产品定位。

一般来说，产品从"对谁而言""我是什么""给你什么"三个角度来定位。

"对谁而言"指的是筛选产品的受众对象，比如年龄、收入、职业等都可以作为受众对象的参考数据。红星美凯龙的受众对象很显然是需要装修的人群，并且普遍为中高收入人群。

"我是什么"定义的是产品品类，比如家具类、服饰类、餐饮类等。只有定义了产品品类，我们才可以定义产品的推广市场。显而易见，红星美凯龙属于家具类。

"给你什么"则是表述产品的特点，简单来说就是描述我们的产品与其他产品有何不同。红星美凯龙与其他家具产品相比，最突出的特点就是量身设计，颠覆家具的传统观念，给人们一种不一样的感受。

第二部：市场定位。

解决了产品定位，接下来我们将产品投放市场时，就要考虑产品的市场定位。市场定位与产品定位一样，也需要解决三个问题。

第一，针对人群。在市场定位中，针对人群与产品定位的受众对象有很大的差别。针对人群是指要研究消费人群的特质，也就是说我们的产品可以满足人们的哪种高级情感。

对于红星美凯龙来说，它作为家具类产品，能带给人们高端大气、独一无二的感觉。所以红星美凯龙的目标人群是中高端人士，这些人群对于高端家具的追求最为强烈。

第二，产品用途。既然红星美凯龙家具致力于量身设计，追求高端感，所以它的用途就是为消费者量身打造属于自己的家具。基于这种用途，红星美凯龙邀请了很多专门的家具设计师，力求为消费者提供独树一帜的服务。

第三，购买理由。对于中高端消费者来说，家具除了要求舒适之外，他们更追求外表上的美观和独特的享受。基于此，红星美凯龙家具的购买理由就是设计感。

第三部：传播定位。

当我们的产品有了市场之后，我们就要考虑产品的传播效果。产品传播的定位依然要解决三个问题：洞察需求、深层意义、终极利益。

洞察需求，就是我们在充分了解受众人群之后，深入地洞察受众人群的需求。就红星美凯龙而言，中高端消费者之所以选择购买家具，是因为他们需要用家具来满足自己对高端生活的追求。

深层意义，指的是受众人群使用产品背后有什么更深次的含义。当然购买红星美凯龙家具的目的是追求设计感，满足高端需求，那会购买它的意义又是什么呢？

对于中高端人群来说，当满足自己的温饱需求已经不成问题时，他们内心就会产生对高层次生活的向往。当平凡的日常已经不能满足他们的时候，他们就会追求不一样的生活，所以他们购买红星美凯龙家具的深层意义是追求高品质的生活。

产品的终极利益，就是分析消费者喜欢产品的情感因素是什么。人类是感性动物，人们的大部分购买行为是基于情感因素做出的决策。

红星美凯龙家具给人们带来的终极利益就是设计感，可以让中高端人群感受到高端的设计，享受到更好的生活，这就是红星美凯龙家具的定位。

下面我们来看红星美凯龙的一则文案：

更好的日常

让日常生活变好的，并不是那些可能一生只有一次的惊喜，而是弧度刚好不会被撞到的桌脚，随意关上抽屉时的优雅手感，会自动调解光线的灯和温暖又容易打扫的地毯。有时告别平庸的设计，就会开启未来生活的全新可能。

……

好的设计也许改变不了所有，却足以重塑日常，而更好的日常也许就是生活该有的样子。5 位国际设计巨匠，全新家居创作。为中国生活量身设计，让日常不寻常。

当你学会了拆解经典文案，再看红星美凯龙这则文案时，相信在你脑海中闪现的不仅有溢美之词，还有清晰的文案的写作思路。读万卷书，下笔方有神，拆解众多经典文案，文案才有魂。

简单好用的几个文案工具

"工欲善其事，必先利其器。"写文案时必不可少的利器就是一些简单又实用的小工具。对于文案撰稿人来说，数据分析、图片处理等工作学起来太难，所以一些简单的小工具就是文案撰稿人的法宝。尤其是一些几秒钟就能解决问题的小工具，不但省时省力、方便快捷，还能提高文案的质量，从而帮助我们写出更好的文案。具体来说，文案工具可以分为数据分析、图片处理、图文排版、创新工具四种类型。

1. 数据分析型文案工具

文案写作必不可少的一个步骤就是数据分析，比如产品受众人群的分析、产品质量数据分析、竞争产品销量分析等。有时候我们辛辛苦苦地写半天文案，不如先了解和分析一些市场上的数据，从而可以更加客观地描述我们的产品。

（1）BLueMC 营销工作平台。

BLueMC 营销工作平台是由蓝色光标公司自主研发的一个营销工作平台。它可以将纷杂难懂的营销大数据一键转化为简单的分析图表等，从而帮助营销人员快速、高效地完成数据分析。

其中它的 KOL（关键首领意见）画像功能可以评估和分析微博 KOL 账号的营销价值，可以帮助营销人员将产品投放到微博，并且获得有效的数据分析，比如在此平台点击联想公众号，它就可以一键分析出该公众号的数据信息。

（2）Excel 制表工具。

Excel 是至今为止功能比较强大的优秀软件。Excel 的实用性和流畅性是其他软件无法超越的，所以运用 Excel 软件做数据分析是一个很好的办法。

（3）数据资料网站。

数据是最有说服力的文字，在文案中客观的数据很容易打动消费者。在网络中，很多比较权威的数据资料网站能够帮助我们快速获取相关数据，比如国家统计局、新榜、艾瑞咨询等网站。

2. 图片处理型文案工具

随着互联网的发展，简单的文字已经满足不了消费者对于文案的需求。于是，多种多样、富有创意的图片走进文案，为文案增添了缤纷的色彩，让文案更能博得消费者的喜爱。

但让很多文案撰稿人苦恼的是，制作文案图片的过程太复杂，而且学习修图处理技术也很难。针对这种情况，在这里我们推荐几款简单好用的图片处理工具。

（1）Windows 的画图功能。

在文案写作中，常常需要对图片进行剪切、加标记、去污等处理，其实这些小问题不需要安装各种软件，Windows 自带的画图功能就能轻松帮我们解决这些小问题。

（2）QQ、微信截图工具。

QQ、微信聊天窗口自带的截图功能能解决所有的截图需求。对于小型截图，直接选取截取部分即可，对于超过屏幕一半或者全屏的截图，直接用电脑键盘的"PrScrn"截屏键就可以轻松搞定。

（3）PPT 的画图功能。

当文案需要画流程或者组织结构等图形时，我们就可以打开 PPT 的"形状"或"SmartArt"功能，利用自带的图形解决画图问题。此外，网上还有很多免费的 PPT 模板分享，其中一些优美的构造图也可以直接拿来使用。

3. 图文排版型文案工具

优美的文案总有很漂亮的设计。要想让文案吸引消费者的眼球，我们可以利用一些图文排版工具，将文案版式排得更加精美、规整。只有让消费者看着美观舒服的文案，他们才乐意研究我们的产品。

（1）思维导图应用软件。

整理好文案框架，让文案更有条理，消费者才会愿意去读我们的文案，毕竟谁都不会对犹如一团乱麻的文字感兴趣。网上关于思维导图软件的推荐有很多，比如 Xmind、MindManager 等，还有一些简单易懂的思维导图应用程序，也是整理文案的不错选择。

（2）秀米。

秀米是一款很不错的图文排版工具。它有多种多样的排版风格，能够轻松设计出独一无二的排版方式。

（3）135 微信编辑器。

135 微信编辑器是一款基础的排版工具。它有很多的免费素材和运营工具，还有一键排版工具。一些基本的排版都可以用它轻松搞定。

4. 创新工具

文案本身就是创意的体现。随着互联网的发展，文案在创新方面的要求也越来越多。最近兴起的 H5 工具就是文案创新的一大进步。H5 是 HTML5 的简称，它是一种高级网页技术。H5 可以在移动设备上支持多媒体。

比如我们平时看到的邀请函、小游戏等都是 H5 网页。当节假日活动时，如果我们想增加与消费者的互动环节，就可以利用 H5 工具让文案变得更加生动。

比如易企秀应用程序就是一款非常容易上手的 H5 工具。它里面有很多模板，一些设计能力差点的人可以直接使用它的模板。除此之外，MAKA 也是一款简单易懂的 H5 工具，其他还有人人兔、微页、云来等应用软件。

互联网技术的发展让文案也变得越来越高端。因此，我们的文案要时刻跟紧时代发展的步伐。文案撰稿人必须具备多种技能，才能让文案更出彩。相信这些简单又好用的文案工具将会成为帮助你的利器，为你的文案锦上添花。

打好人性这张牌

文案就是通过文字和消费者打交道。要想让我们的产品得到消费者青睐，我们就要和消费者做朋友。而优秀的文案撰稿人之所以可以跟消费者相处得如鱼得水，是因为他们善于利用人性。要写好文案，就要打好人性这张牌。

人性是有弱点的，而且这些弱点都是与生俱来的。要想和消费者搞好关系，我们就要了解人性的弱点，这样才能让消费者喜欢我们的产品，从而达到推销产品的目的。

那么我们怎样打好人性这张牌来推销产品呢？

1. 从消费者角度考虑问题

文案中最忌讳的就是自嗨型文案。这类文案的重心全都是我怎么样、我的产品怎么样。这样的文案丝毫没有考虑消费者的感受。如果文案撰稿人仅是闭门造车，这样的文案消费者不会多看一眼。

人都是利己主义者，如果你的话题与他无关，那么他会丝毫提不起兴趣。要想让消费者关注我们的文案，我们首先要关注消费者的需求。我们用真诚去关心消费者，说一些能够引起消费者感兴趣，并且为消费者着想的话，消费者才会对我们的文字和产品感兴趣。

文案示例：

没有人有义务透过你邋遢的外表去发现你优秀的内在。（《悦己》文案）

就算你衣食无忧，也觉得你处处需要照顾。（丸美文案）

每一次你花的钱，都是你为自己想要的世界而投的票。（某服装品牌文案）

写好文案的基本要求就是站在消费者的角度看待问题，让消费者感受到我们的真诚。多使用"你"，比如"你最近压力大吗？""你还在为装修而烦恼吗？""世界上只有一个你，所以必须要用心去珍惜"等语句，这样可以让消费者感受到我们的关心。

对于消费者来说，他们真正需要的是我们最真挚的关心，而不是我们对产品的自吹自擂。我们只有真诚地关心消费者，消费者才愿意和我们交朋友打交道。当消费者用朋友的身份看待我们时，就意味着我们已经赢得了消费者的信任。

2. 满足消费者的需求

人的所有行为出发点都是为了满足自己的需求。如果我们想要一个人去做一件事情，只有告诉他做这件事情会让他得到某些好处，或者这件事情可以让他不失去某些东西，他才会有兴趣去做。

所有人都只对自己想要的或者想要保护的东西感兴趣。世界上最能吸引消费者的话题，就是与消费者相关的事物。因此，我们要在文案中介绍一些消费者想要的东西，并且告诉消费者，我们的产品可以满足他的需求。

如果我们想让消费者购买我们的产品，我们就要满足消费者的需求。只有把消费者需要的给消费者，消费者才会渴望得到我们的产品。

比如人们都害怕衰老，都想青春永驻，所以抗衰类化妆品一直以来都很热销。消费者可以通过这些产品，达到延缓衰老的目的，所以他们会为了自己想要的付出金钱。当文案能够带给消费者想要的利益时，消费者才会为我们的产品倾心。

文案示例：

有人驱逐我，就有人欢迎我。（豆瓣文案）

有兄弟，才有阵营。（红星二锅头文案）

不用 PS，也能变 S。（World Gym 世界健身俱乐部文案）

3. 学会赞赏消费者

很多时候我们因为想要获取赞赏，会更加乐意去做某些事情。比如孩子为了得到父母的赞赏，会乖乖听话；学生因为老师的赞赏，会更加勤奋学习；上班族因为老板的赞赏，会更加努力工作。

如果某种行为能够得到别人的称赞或者社会的认可，那么消费者会很乐意去做，因为很多人都渴望受到别人的重视，甚至喜欢被别人恭维。对于文案写作来说，我们给消费者一个社会认可的购买动机，那么我们的文案就可以激发消费者的购买欲望。

文案示例：

把钱花得漂亮是本事。（全联超市文案）

一年买两件好衣服是道德的。（中兴百货）

作为一个成熟的男人，你还缺一套房子。（某房地产文案）

人人都希望得到别人的认可和赞赏。一个真诚的赞赏，就是对消费者最大的认可。让我们的消费者明白，购买我们的产品是值得赞赏的行为，更容易激发消费者的购买欲望。

4. 切记批评消费者

卡耐基在《人性的弱点》中曾经说过："不要去评议别人，不然自己就会为人所评议。"所有人都不喜欢被别人批评和斥责，批评只能给别人带来负面效果。文案更是如此，如果我们批评消费者，那么只会引起消费者的反感。

对于文案来说，消费者就是我们的上帝，如果我们批评消费者，就相当于亲手把消费者推出门外。这样的文案只会伤害我们的消费者，甚至很容易摧毁消费者的意志。比如医美机构要是写"丑是一种病",那么消费者不但不会去你的机构,反而会反讥你一句"你才有病"。

文案要做的不是批评消费者,一味地批评只能让消费者离我们越来越远。文案要做的是抬高消费者的身份,让他们能够享受到更好的服务。

文案的目的虽然是为了推销产品,但一篇优秀文案有可能使我们与消费者成为好朋友甚至家人。只有给予消费者赞美、帮助、关心,消费者才会放下对我们的戒备,在我们的文案中感受到宾至如归的感觉,从而购买我们的产品。

选择适合的投放平台

好的文案不仅仅注重创意,更注重的是让更多的消费者读到我们的创意。在互联网时代,人们的时间逐渐趋于碎片化,大部分人观看广告的时间可能只有短短的几秒。一则文案想在几秒内吸引消费者的注意,不仅需要出众的文采,更需要合适的投放平台。

一则优秀的文案应该符合"天时、地利、人和"的特点。也就是说,在最合适的时间和地点,把最好的文案推送给最合适的人。对于广告主来说,选择合适的文案投放平台,文案的点击率才会快速提高,文案才会被有效推广出去。

随着互联网的普及,广告的推广平台不再限于电视、报纸等传统媒体。手机、电脑等移动互联网设备的更新换代,让文案的投放平台也变得越来越多样化。如何从众多的平台中挑选最适合自己产品的平台至关重要。

具体来说,目前比较流行的投放平台有以下几种。

1. "微"力无边的微信

腾讯 2018 年第一季度的数据报告显示，微信占据了国内网民 23.8% 的时间。由此可见，微信不知不觉已经成为人们一种重要的生活方式。微信不仅仅是人们社交的一种方式，更是商家营销的绝妙平台。

《2017 年微信经济社会影响力报告》显示，由微信驱动的消费已经高达 2000 多亿元，这意味着微信不仅渗透到人们的日常生活中，并且已经成为商业营销的一个重要阵地。很多企业将自己的营销市场转向微信，文案逐渐散布在微信朋友圈和公众号中。

微信的大量用户都是我们的潜在消费者，将我们的文案投放到微信上，会让这些潜在消费者在社交的同时，慢慢去了解我们的产品和品牌。如果我们能够利用好这个平台，那么将会带给我们意想不到的收获。

文案中的蹭热点大神杜蕾斯，就利用微信收获了众多粉丝。比如杜蕾斯曾经在微信公众号发布这样一则消息：

截止到现在，杜杜已经抽取了十位幸运儿，这十位幸运儿每人都会获得杜杜魔法装一份。没有得到的朋友不用惋惜，今晚十点之前，我们还会抽取十位幸运儿。如果你是杜杜的老朋友，请回复"我要福利"，下一份魔法装很有可能就属于你！

杜蕾斯发布这则文案后，在短短两个小时之内就收到了几万条留言。仅用 10 盒杜蕾斯魔法装就换来几万名粉丝，不得不说杜蕾斯此次营销真的很绝妙。杜蕾斯利用免费福利策略，将微信的营销功能发挥到极致。

对于文案来说，用微信作为推广平台，不仅可以让普通消费者转化为忠实粉丝，而且还可以利用微信公众号和朋友圈打造属于自己的品牌，开拓更广阔的市场，所以微信的确是一个"微"力无边的推广平台。

2. "微"名远扬的微博

微博作为一个新型网络媒体平台，逐渐成为网络信息的集散地。截止到 2018 年 6 月，我国共有 3.37 亿个微博用户，93.5% 的手机用户都在使用微博。微博强大的信息发布和传播功能，让营销人员看到了商机。越来越多的商家利用微博投放产品文案，以此来推广自己的产品。

利用微博营销对于商家来说，有很多的优势。首先微博营销的成本比较低，用户只需注册一个账户，就可以在微博上发布消息。其次，微博具有很强的时效性和现场感，微博用户可以随时随地发布简讯，并且微博的传播速度极快，一条微博一旦触发了引爆点，在短时间内就可以把信息传播到世界的每个角落。

2018年10月25日，天猫官方微博发布了一则"重金寻猫"的消息：

小编刚刚在办公桌上发现天猫离家出走的字条，目前天猫已经失联36小时。现在我们发布此微博，全球扩散寻找天猫。找到天猫的人士，我们将给予一份价值49999元的双11大礼包。鉴于小编着急难安的心，现在双11大礼包数量已经增加到了8份，还请广大朋友速速转发，成功扩散寻猫启事，就会获取抽取双11红包的机会哦！

这一次天猫利用官方微博发布的寻猫启事，将天猫拟人化，在短时间内引起了众多网民的热议。天猫通过这次活动，三天内增加了28万粉丝，在"双11"活动中依靠前期的推广，创造了2135亿元的成交额。

在竞争激烈的营销市场中，微博是增加品牌粉丝的重要平台。文案推广不仅要挖掘产品的品牌价值，更要吸引更多的粉丝来实现产品的价值。在微博平台，如果我们吸引到数量庞大的粉丝，那么我们的产品也一定会和微博一样"微"名远扬。

3. 百战百胜的百度

"百度一下，你就知道。"现在不仅仅是年轻人，甚至很多老年人在遇到问题时，都会去百度搜索。百度发展到现在，已经成为很多人的"万事通"。不仅如此，百度除了强大的搜索功能以外，它对于营销人员来说，也是很好的一个引流渠道。利用百度，我们可以做自己的推广者。

百度有百度百科、百度知道、百度贴吧、百度文库等多个板块，每个板块都很适合投放我们的文案。

第一，我们可以将我们的产品简介、品牌创立等编写到文案中，然后放到百度百科上面。对于互联网推广来说，百度百科是一个很好的引流平台，可以帮助我们打造自己的品牌。

第二，利用百度知道知识问答分享平台推广产品。在百度知道，用户可以提出自己不懂的问题，然后用积分奖励等措施刺激其他用户给予答案。一些用户的优质问答还会被作为搜索结果，用来给其他用户作为参考。

利用百度知道做自我推广时，我们可以围绕自己的产品、品牌和推广目的进行自问自答，从而激发消费者的阅读兴趣。如果我们的问答能够成为优质信息，那么我们的产品就能得到更多消费者的信任。

第三，用百度贴吧引流。百度贴吧被认为是各类行业的鱼塘，其引流效果十分不错。当年小米就是凭借百度贴吧成长起来的。在这里，我们可以创建我们产品的帖子和社区，将文案放到这里，助长我们的人气。

第四，专门收集各类文章的平台——百度文库。百度文库是一个很好的文案投放平台。在百度文库中我们可以上传自己的联系方式，一旦有消费者搜索我们的信息，就达到了引流的效果。

总之，如果我们能够利用好百度这个强大的平台，那么我们的文案终将会吸收更多的粉丝，我们的产品终究会在营销市场上百战百胜。

除以上三大推广平台，我们还可以将我们的文案投放在网易论坛、搜狐论坛、天涯社区等平台。没有不出名的名牌，只有不努力的推广。选好文案投放平台，属于我们产品的粉丝自然会越来越多。

Keep——健身房里的文案高手

丘吉尔在 25 岁时说，他渴望自由；在 50 岁时说，自律很重要；在 75 岁时说，自律就是自由。真正自由的人是能够随心所欲地控制自己欲望的人，但是现实生活中很多人都缺乏自律这种精神。

运动是自律的最好体现。能够在运动领域坚持下去的人，更能从自律中体会到自由。而这句"自律给我自由"现在是健身应用程序 Keep 的文案。

Keep 作为运动界的一员，一直践行坚持运动的热血生活理念，很多运动爱好者因为 Keep 聚集到一起。Keep 用户有着同样的价值观，他们让自律、运动变得更快乐，让自己的生活变得更自由。很多人喜欢上 Keep 的原因，都是因为喜欢它的品牌精神，而 Keep 的文案就是 Keep 品牌精神的体现。

哪有什么天生如此，只是我们天天坚持。

这是 Keep 推出的第一则品牌文案。这句文案清晰地抓住了用户既想要好身材又想要偷懒的矛盾心理，从而借此激发用户的斗志。

日常生活中，当我们看到别人的魔鬼身材或者八块腹肌时，总是会心生羡慕，但是真的让自己去努力健身时又变得犹豫不决。其实，我们从来没有想过我们羡慕的这些人背后付出了多少努力和坚持。

没有什么天生如此的身材，只要坚持，每个人都可以变成自己想要的样子。Keep 的文案利用运动给人带来的正能量，成功地激励了很多用户使用这款应用程序，可以说 Keep 的成功也是因为它的坚持。

继上面的文案燃爆网络后，Keep 邀请著名演员入驻平台，利用视频文案吸引用户。

呼吸，因为需要氧气；身体发烫，因为感受到阻力，这就是运动。它让你累，也让你学会控制身体。用更大口的呼吸挑逗节奏，用更自由的步伐挑战阻力，这就是运动。身体和心，都在 Keep，自律给我自由。

Keep 的这则文案进一步诠释了运动的魅力和 Keep 的品牌理念。运动让我们感到疲累，但运动中的自律精神却让我们学会了控制自己的身体。只有我们不断地挑战自己，才能不断地超越自己。

自由的人生不但要保持一颗年轻的心态，更要保持一个年轻的身体。如果一个人始终坚持管理自我，那么这个人的身心都可以保持很好的状态。此时，我们享受的才是最自由的人生。

我怕总被别人盯着看，但我更怕永远做个小透明。

我怕速度太快，但我更怕被人甩在身后。

我怕做没把握的事，但我更怕这就到头了。

我怕站得太高，但我更怕再也上不去。

我怕丢掉安全感，但我更怕再也跑不出安全区。

Keep 这组文案聚集了胖仙女、冠军骑手、健身老人、跳水女孩、视障跑者 5 种用户身份，讲述了关于运动的 5 段不同的故事。这 5 段故事展现了 5 位主角从害怕到不怕，再到寻找害怕的过程，从而体现了 5 位用户对运动和人生的态度。

几乎每个人在运动的时候，都会产生畏惧。怕累、怕疼等借口，都会让我们的放弃变得心安理得。Keep 这组文案用 5 位用户的行动来阐述，只要再坚持一下，我们就会享受到运动的快乐，感受到自由的魅力。

只要我们跑得够快，就能跑得过时间的流逝。

好多话，憋在家里说不出来，一起出门走走就聊开了。

我们一块扛起了杠铃，也一块扛起了家庭的责任。

我们总是越长大越不善与父母沟通。Keep 这组"运动，让家人更亲密"的文案，就是家人之间沟通的桥梁。用运动代替语言，是连接我们与父母的一种方式。运动对于家人来说，并不仅仅是运动，更是一种稳定我们外在和内心的稳定器。

正如 Keep 的观点：我们有两次成长，一次是离开父母，一次是走近父母。每个人的成长轨迹其实就是一个圆圈。我们从家出发，最终也会回到家，而运动就是这个圆圈里不变的温度，让我们的生活变得更加乐观、舒透和自由。

你看不见是什么感觉？再也等不到天亮了……研究表明，运动能够极大程度提高视障人群的身心健康水平，同时帮助他们拉近和社会的距离。在帮助视障人士运动的方式中，助盲跑是最常见的一种。只需要一根绳子，就能做他们的眼睛，一起用运动驱赶黑暗。

这则文案截取于 Keep 的一则助盲公益项目宣传片。Keep 利用这则宣传片激发了更多人对视障人士的关注和理解，并且用运动连接伴跑志愿者和视障人士，帮助视障人士更好地融入社会。

从这则文案我们可以看出，Keep 不仅仅是为了吸引用户而推广他们的应用程序，更重要的是用用户的亲身体验告诉人们通过运动可以实现自我价值。近年来，很多产品推出的公益项目数不胜数，但是像 Keep 这样情感细腻、把公益落到实处的公益传播却很少。

在 Keep 身上，我们看到了社会责任感。Keep 用自己的运动触角，去感知社会上需要帮助的那些人，不仅将自己的价值体现在用户平台上，更体现在社会的每个角落。相信每个接触 Keep 的人，都会对 Keep 产生好感。

随着人们生活水平的提高，人们的健身观念也越来越强。很多健身应用程序都试图在这场健身大战中脱颖而出，从而占据健身市场，但是要想实现这种野心并不是一件容易的事情。而 Keep 之所以通过文案一战成名，是因为它不仅仅是一款产品，更是一个有温度的品牌。

　　从一开始帮助人们健身到现在功能日益完善的 Keep，用一字一句诠释了运动带给人们的快乐和自由。与其说 Keep 是一款健身应用程序，倒不如说 Keep 用"自律给我自由"的理念陪伴每一位用户。因为 Keep，运动变得多姿多彩。

第八章 创新力升级：成为资深文案人

做一个博学多才的人

　　胡适曾说："专工一技一艺的人，只知一样，除此之外，一无所知。这一类的人，影响于社会很少。好有一比，比一根旗杆，只是一根孤拐，孤单可怜。又有些人广泛博览，而一无所专长，虽可以到处受一班贱人的欢迎，其实也是一种废物。这一类人，也好有一比，比一张很大的薄纸，禁不起风吹雨打。"

　　胡适认为，只有一技一艺之人，或者一无所长之人，这两种人都不好，因为这两种人一是对社会没有多大影响，二是不能给自己带来乐趣。胡适的观点虽然针对的是读书治学，但对于我们学习文案来说，也有一定的警醒作用。

如果我们只专注磨炼自己的文案功底，对其他东西都漠不关心，那么我们的思想就会受到限制。久而久之，我们就再也找不到写文案的乐趣。学习写文案，不仅仅要专攻这一项技能，更要有博采众长的视野和广泛的学习兴趣。

文案不能仅仅停留在品牌营销层面。当我们拥有更高深的知识，成为文案界博学多才的人时，我们就会从文案中发现一个更大的世界。在有学问的人笔下，文案总是处处洋溢着知识的气息，在所有文案中成为最别具一格的那一个。

比如"得到"在一场知识发布会中，就以推广知识为目的，发布了"我读书少，你别骗我"系列文案：

"虽然前景不太好，但我们在这个项目上已经投了 300 多万元，应该继续做下去。"当你听到商家这样的话时，他其实是用沉没成本来拉拢消费者。沉没成本是一种历史成本，对现有决策而言是不可控成本。沉没成本不是成本，应该果断放弃。

爱迪生曾说："天才是 1% 的天分加上 99% 的汗水。"如果我们要想成为文案天才，那么我们就需要付出很多努力。没有知识积累，是很难创造出经典文案的，文案需要的是一颗博学多才的大脑。

首先，写文案需要对策划对象有着高度的感知能力。真正的文案高手面对任何产品，都可以准确地提炼出产品的卖点和弊端，甚至可以快速从产品表象推测出更多信息。文案高手的超高感知并不是天生的，只有对外界的见识足够多，有足够多的经验才能达到这种境界。

其次，写文案需要很强的联想思维能力和发散思维能力。比如给你一个苹果，我们可能想到的只有苹果汁、苹果核、苹果的品种等，但是善于思考的文案高手想到的可能是苹果核造型的水杯、牛顿，甚至是铅球等。

高超的思维能力虽然与天生的基因有所关联，但是与后天的培养也密不可分。在工作之余，学习各种知识，不断开拓自己的思维，假以时日我们也可以写出更有创意的文案。

再者，文案需要强大的搜索能力。好的文案撰稿人就像一只勤劳的蜜蜂，如果想酿出蜂蜜，就要采摘许多花粉。所以写好文案的前提就是需要我们拥有大量的文案素材。

文案顾名思义就是文字方案，好的文案就是用好的文字创造的方案。好的文字是需要丰富的知识来培育的，只有我们脑子里有万卷藏书，才能有更多的文思可以泉涌。当我们有一定的知识储备后，我们就会发现好的文案创意并不在文案理论之中，而是在小说、散文、现代诗、笑话之中。

五花八门的知识，才是文案创意的来源。

《祭沃尔夫·卡尔克罗伊德伯爵》中有句诗写道："哪有什么胜利可言，挺住意味着一切。"凡客诚品直接引用"挺住意味着一切"作为文案，从而让自己的品牌风靡一时。

某房地产公司把苏轼《定风波》中的"试问岭南应不好，却道：此心安处是吾乡"简化成"此心安处，即是吾乡"，从而提高了品牌的知名度。

知名广告人罗易成在为别克君威汽车写文案时，为了展现汽车快速响应的强劲动力这一卖点，借用《僧之律》中佛家所说的"刹那"，为文案增添了佛家的禅意，于是这则文案瞬间打败了众多的汽车文案。

一秒钟，是2.7瞬间。一瞬间，是20刹那。一刹那，是它的动力爆发。别克君威2.0T，千钧动力刹那在握。

还有的文案明显是在博览群书后，沾染了书中的审美，将文案写得美轮美奂。

比如下面这则汽车的文案：

只见巍峰峭壁，高耸云天，鹰击长空，山风劲道，深涧飞流，百丈云梯，山道延绵，不见应酬，红绿灯和股市行情。

博学多才并不只是别人嘴中用来称赞的形容词，更是文案推销产品的利器。奥美首席创意官许舜英认为，在不敢落后潮流半步的广告圈，人们更喜欢高冷的文字。随着潮流的发展，消费者越来越喜欢标新立异的文字，那些固守传统的文案已经满足不了消费者的欲望。

要想让自己的文案更有新意，我们就要从传统思想中跳脱出来，用更加丰富的知识武装自己的文案。许舜英曾说，她很难想象一个不读书的文案撰稿人能有什么惊人大作。在她看来，有些学术理论比刚上市的产品更具时尚意义。在许舜英笔下，张爱玲、福柯、杜拉斯这些名人都变成了时尚的灵魂。消费者每每读到许舜英的文案，都会情不自禁地沉醉在那些精致的文字中，以至读到最后才惊觉这是一条文案，其实这就是消费者对文案最大的认同。

作为一名文案撰稿人，多读书、多思考、多学习是保持文字创意性的重要方式，只有博学才能更有见识。了解钱锺书，我们才可以看到文字的高冷幽默；懂一点佛道，我们的文字就可以更有禅意；研读心理学，我们才可以一语中的，成功激发消费者内心的欲望。

永远有一颗好奇的心

女娲用泥巴创造了人类，人类却用好奇心创造了整个世界。牛顿因为好奇苹果掉下来，发现了万有引力。正是因为人们的好奇心，我们的世界才变得色彩斑斓。

华特迪士尼公司联合主席安妮·斯维尼曾经说过："我天生就很好奇，我一直被好奇心所驱使。好奇使人兴奋，好奇心导致新的想法、新的工作及新的产业。"好奇心看似平凡，但是其中的意义却十分非凡。

很多开车的人都对探险充满好奇，他们渴望能够驱车欣赏那些绝美的风景。广汽三菱推出的新帕杰罗劲畅就满足了消费者的好奇心。它的文案写道："去别人去不了的地方，看别人看不到的风景。"这成功勾起了消费者的好奇心，让他们成为新帕杰罗劲畅的忠实粉丝。

对于文案来说，要想勾起消费者的好奇心，首先我们必须要有一颗对生活充满好奇的心。基于我们的好奇心写出的文案，才会让消费者产生好奇心。

1. 勇于打破常规

很多文案之所以相貌平平，取悦不了消费者，是因为其中的文案套路太过老套，很多人看一眼就会自动忽略掉。比如"测一测你适合化什么样的妆""95% 的妈妈都不会这一招"，这些题目乍看比较新颖，但只要消费者一点开就会发现这是很平常的一种套路。

要想真正勾起消费者的好奇心，这些故弄玄虚的悬念并没有什么作用。真正优秀的文案敢于打破常规，能够给消费者的生活增添新鲜感。消费者喜欢独树一帜的产品，并不是穿着奇装异服的伪装者。

比如比较流行的一些文案：

不论年代，恋爱是一回事，结婚是另外一回事。

气温在昨晚下跌了一件黑色薄毛衣的幅度。

哭是没有用的，不如唱歌吧。

2. 善于提问

好奇心很强的文案撰稿人总是有一肚子的新奇想法和问题：消费者为什么不喜欢我的文案？我们的产品哪点最吸引人？其他文案人是怎样写这个产品文案的？通过这些问题，他们就能看到别人看不到的东西，找到别人不曾注意到的角度，这样写出来的文案才更加新奇。

关于多提问的一个核心方法就是，要习惯用"如果……"句式来问问题。因为好奇心很重的人不会只因为提问而满足，他们更想得到的是问题的答案。比如他们在写文案时，经常会想："如果我用这个词语来写会怎么样？""如果把产品生产过程写出来会不会更好？"他们通过多种设想和提问，来找到最适合的文案写作方法。

在找到问题之后，好奇心很强的文案撰稿人下一步就会带着好奇心去探索真相，去观察自己的想法带来的结果。当我们通过提问发现问题，再通过实验解决问题后，我们就可以想到意想不到的好主意。

3. 放任思维流动

很多时候，并不是现有环境封闭了我们的思想，而是由于我们的思想太封闭，从而走不出现有环境。"这样做好像太幼稚了！""从来没有人这样做过。"这些想法经常会阻碍我们的创新力和好奇心。

一旦我们产生了这些顾虑，我们的思想就会停滞不前，我们的文案方向就会消失，我们写出来的文案就会一直平淡无奇下去。我们要学会的是抛开这些顾虑，跟着我们的直觉走。当我们的思维不再受限后，我们的文案才会极具创造力。

文案示例：

三毫米的旅程，一颗好葡萄要走十年

三毫米，瓶壁外面到里面的距离，一颗葡萄到一瓶好酒之间的距离，不是每颗葡萄都有资格踏上这三毫米的旅程。它必是葡萄园中的贵族，占据区区几平方公里的沙砾土地，坡地的方位像为它精心计量过，刚好能迎上远道而来的季风。

……

这是一则长城葡萄酒的文案。之所以这则文案可以赢得消费者青睐，是因为它别具一格的思维。从葡萄的挑选角度出发，十年的时间让消费者感受到酿酒师的匠心，三毫米的旅程让消费者感受到一瓶葡萄酒的珍贵，这些新奇的想法怎能让人不产生好奇？

4. 拥有一颗孩童心

一位支教老师创办了公益机构"四季诗歌"。这个机构通过开发课程和教师培训，为偏远地区的学生提供诗歌课程。当这位老师让孩子们自由发挥，创作诗歌时，这些孩子出乎意料地写出了很多令人称赞的作品。

不爱说话的河

我从前养过一条河，但是上次大水把它冲走了。

我重新养了一条河，但它又不喜欢说话，

从此我就一直一个人。

偷面包的小屁孩

夕阳西下，母亲的蛋糕店染上金色，一个小孩探头又探脑。

我悄悄地说，妈妈，他往兜里塞了一个面包。

妈妈只是说，如果可以选择，没有人喜欢做小偷。

孩子们的好奇心是最强烈的。他们的行为目的都是单纯地寻找快乐，他们获取的知识经常是在玩乐中不经意间得到的。当我们用孩子的角度思考问题时，我们的思维就会处于极其活跃的状态。拥有一颗纯真的孩童心，会带给我们很多新的发现。

大部分人们都知道，文案只有紧紧跟随时代的潮流，才不会被淘汰，所以我们必须保持一个可以追赶潮流的年轻心态，而且永远保持一颗好奇心，我们才会越来越年轻，才会紧跟潮流的步伐。凯鲁亚克曾说："永远年轻，永远热泪盈眶。"只有我们永远拥有一颗好奇心，才能够在创作文案时，始终保持创新，才能有机会打动我们的消费者。

另类思考法

另类思考法常常给消费者带来神奇的荒谬感，让人读之欲罢不能，读到最后却又莞尔一笑。相对于一本正经讲道理的文案来说，显然这种文案更能吸引消费者的注意力。利用另类思考法写文案，很多时候都可以给我们带来意想不到的收获。

那么，如何才能写出这种文案呢?

1. 讲一个扎心的故事

消费者在读完形形色色的文案后，往往记住的是那些让人印象深刻的故事。文案本身就是一个沟通的过程，而利用跌宕起伏的故事是很高明的一种沟通技巧。

在新媒体环境下，人们接收的信息已经过载，消费者对于广告越来越排斥，然而一些"神转折"、让人读来很扎心的故事却拥有强大的传播力。它能利用人们对故事的好感，成功消除消费者对广告的排斥感。

然而，文案中的故事要想真正达到营销目的，是有一定要求的。首先，文案不是散文或者小说，所以我们的故事一定要简洁易懂、方便传播。其次，我们的故事要具备洞察力，不痛不痒的故事很难打动消费者，所以我们的故事要有穿透力。

比如文案大师威廉·伯恩巴克的一则文案：

本人在清醒之时立下此遗嘱：

我为我花钱如流水的罗丝太太留下 100 美元和 1 本日历；

我的那两位把每一枚 5 分币都花在时髦车和放荡女人上的儿子，我决定给他们留下 50 美元的 5 分币；

我的生意合伙人的座右铭是花钱、花钱、花钱，所以我决定什么也不给、不给、不给他；

我的侄子常说，省一分钱就是挣一分钱，并且买辆甲壳虫汽车才最划算，我决定把我的 1000 亿美元全部留给他！

威廉·伯恩巴克这则甲壳虫汽车的文案，利用一个幽默的故事，告诉消费者甲壳虫汽车物美价廉的特点，同时为消费者展现了一个节俭明智的车主形象。不得不说，这则文案做得很成功。

2. 设置一个立体鲜明的人物

文案和小说的区别：文案是商业性产物，它要求文案撰稿人要用有限的文字打动消费者。如果想让我们的文案足够吸引人，我们就需要塑造一个立体鲜明的人物，能够在短时间内让消费者产生阅读兴趣。

一个有特点或者另类的人物才能给故事带来惊喜、新鲜感，甚至戳中消费者的泪点，让我们的文案变得妙趣横生、耐人寻味。

比如电影《小猪佩奇过大年》的宣传片《啥是佩奇》中，一开篇就描述了一个乡下的爷爷在面对孙子要佩奇的请求时手足无措的形象。乡下爷爷这个人物设定，很容易就让消费者产生共情心理。在所有消费者的认知中，全世界的爷爷都是十分疼爱孙子的。

接着，爷爷四处向身边的人询问，到底啥是佩奇。在多次碰壁过程中，爷爷狼狈滑稽、不知所措的样子不知不觉深入人心。当爷爷终于拿出自己做的佩奇时，消费者又被这个"硬核"爷爷圈粉。

由于爷爷这个形象勾勒得十分生动，很多消费者在看到最后才知晓原来这是电影宣传片。那一刻，人们不但没有对这则广告产生反感，反而因为这则有趣的文案对电影产生了很大的兴趣。

再如揽胜海边别墅为推出"助你更黑"这一卖点，写了这样一则文案：

张局长膀大腰粗，声如洪钟，人们都说他长得像铁塔，但是就是太白……

徐总雷厉风行，说一不二，但也许因为太白了，经常被人叫作铁娘子……

阮经理开会时经常拍案而起，气势逼人，但，可惜，就是太白……

揽胜海边别墅，助你更黑！

揽胜海边别墅的这则文案，采用幽默诙谐的口吻，为消费者塑造出了3位形象鲜明的人物，将黝黑的肌肤视为卖点，让消费者读后会心一笑，对海边别墅产生了好感。

3. 用细节调动情绪

相对于讲道理的文案，消费者更青睐于讲故事的文案。干巴巴的产品讲解并不能带动消费者的情绪，然而一个跌宕起伏的故事总能轻易地引人入胜。而且另类文案取胜的绝妙不仅仅是在故事中设置反转，更善于在细节中调动消费者的情绪。

新世相在《45个关于爱与钱的故事》中分享了很多粉丝的故事：

之前在北京昌平北漂时，曾经被房东以各种理由拒绝退还押金。当时我真的很需要那几百块钱，无奈之下我只能对房东各种撒泼耍赖，使尽各种手段不让房东离开，最后还是让男朋友抱着我，放走了房东。出来后，我和男朋友在大街上抱头痛哭。男朋友心疼我，而我心疼钱。

相信每一个北漂族，在北京打拼的那些日子里，都有过故事中类似的经历。文案通过对细节的刻画，将消费者带入情境中，一下子调动起了消费者的情绪，引发了共鸣。

创意短片《不怎么样的25岁，谁没有过》为消费者讲述了著名导演李安25岁被各企业高管接连痛批的故事。在这个短片中，李安的简介从一瞬间被刷掉，到多年后获得奥斯卡金像奖，中间的细节处理得十分到位，时刻调动着消费者的情绪。

充满细节的故事，才能让我们的文案自带镜头感，这样的文案更容易感染消费者。虽然细节非常考验我们的文字功底，但是相信经过一番潜心修炼，我们讲的故事也可以轻易地吸引消费者。

真正好的文案，并不是只介绍产品本身，而是通过另类思考法，看到产品背后的故事。这些故事可以是童年、婚姻或者自己的某种观点，总之能够引起消费者共鸣就可以。当我们通过另类思考法，将我们的文案变成构思巧妙的故事，让消费者可以见之不忘时，我们就获得了通往消费者内心的钥匙。

做一个专家

文案并不是写作，不是一味地埋头创作。文案其实是一种沟通，一种与消费者的沟通，如何让消费者通过沟通购买我们的产品才是最终目的。要想和消费者好好沟通，我们要做的不仅仅是写一篇好的文案，而是做一个好的文案撰稿人。

汉娜·阿伦特曾经说过："没有头脑的鲁莽，无可救药的迷茫，或是自鸣得意的背诵已经变得空洞琐碎的真理——在我看来是我们时代最显著的特征。"数字时代的人们，越来越没有耐心，思考能力也逐渐下降。如果我们没有足够的专业知识，不能像一个文案专家一样，吸引消费者，那么我们是很难依靠文案推销产品的。

一个好的文案撰稿人，如果只会写文案，并不能称为合格的文案人。文案撰稿人不仅要精通文案写作，还要像专家一样与消费者沟通，消费者才会更加信赖我们说的话。

1. 像马丁·路德·金一样说服消费者

做一个文案专家，我们需要学会像演说家一样，用带有力量的文案说服我们的消费者。作家和演说家最大的区别：作家赚到的只是钱，而演说家赚到的是人们的兴奋、愤怒、眼泪等。

一个作家不一定能成为一个好文案，所以像一个演说家一样，能够灵活地运用文案说服消费者，消费者才会为我们的产品动容。文案说到底是为了说服消费者，只有用我们的想法、观点等属于我们的东西，打动消费者的内心，才能成功地激发他们的购买欲望。

2. 像弗洛伊德一样洞察消费者

正所谓"知己知彼，百战百胜"。只有我们知道了敌人隐藏的胆怯，我们才能成功地战胜他们。要想激发消费者的购买欲望，就要知道消费者心里的需求是什么，所以我们要像心理学家一样，有足够的观察和分析能力，这样我们才能透过表象看到消费者的真实想法。

成功的文案让消费者读完就会心里咯噔一下，觉得这说的就是自己，这样的文案才是真正打动了消费者。比如智联招聘的一则文案："为家打好这份工"，很朴实的一句话，却能打动不少消费者。

3. 像苏格拉底一样思考

如果我们没有生活的高度，那么我们的创意也就无从谈起。暂且不管创意来源于生活这个真理，仅仅就日常生活而言，一个没有自己观点的人总会被人们忽略。有观点的文案才有灵魂。

比如天天果园的文案："水果，我们只挑有来头的。"这则文案不但定位了商家的产品品类，并且在竞争激烈的水果市场中，以"有来头的"这个高品质卖点为文案，成功地将自己的产品与众多的竞争对手区别开来，让文案有了一个属于自己的独特灵魂。

4.像贝多芬一样有节奏

音乐之所以能够吸引人们，是因为它美妙的旋律和节奏。我们的文案如果像音乐一样有节奏、韵律和高潮，那么消费者也会很容易像喜欢音乐一样，喜欢上我们的文案，进而喜欢上我们的产品。让我们的文案像音乐一样有节奏感，通过一步步细心地铺垫，才能将消费者一步步引导到我们精心设计的高潮中来。

5.像海明威一样执着

虽然我们不推崇像作家一样写文案，但是我们依旧可以学习海明威的执着精神。文案要想征服消费者，就要让我们的文字有魅力。对文字执着，甚至偏执，是让文案有创意的基础。

如果我们想要文案一直保持新鲜感，那么我们还要积累至少200种句式。因为只有这样，我们才能应对不同类型的消费者。任何人都有审美疲劳，如果我们的句式太过单调，那么消费者是不会对没有生命力的文字产生任何兴趣的。

此外，我们要格外注意文案的第一句和最后一句。第一句往往是帮我们吸引消费者注意力的句子，最后一句则可以达到让消费者念念不忘的效果。在写文案时，我们要保证这两句的每一个字都是不可或缺的，这样消费者才会记住我们的文案。

文案示例：

每次跟着女儿逛街，都觉得不只是挣钱，增加的时尚感更是富有。想到这里，收工后买点生鲜做小菜，敬母女俩把钱赚得更有美感。虽说富不过三代，但来全联却可以一袋一袋省下去。（全联超市文案）

在互联网时代，人们对文案写作这一职业都有误解。大部分人认为，只要稍微有点儿文笔就可以写文案，每天写写文字就可以了。的确，现在的文案界大多数都是非专业人士，大部分文案撰稿人的水平只停留在会写文案上。但是文案不是小学生的看图配话题，更不是比谁的辞藻更华丽，谁对仗玩得好，谁最会抖机灵，一句好的文案可能是一个好的创意概念，一个品牌主张。

一切炫耀文笔的文案只不过是能够让消费者看不到破绽。我们只有从实际问题出发，用专业知识真正解决消费者的需求，看透消费者的内心欲望，从而感性地去表达我们的观点，消费者才会接受我们的推销。

文案撰稿人并不是人人都能做的，作家可能会获得诺贝尔文学奖，但是不一定可以在文案界取胜。正所谓"菜鸟看文案，高手看策略和概念"。要想写好文案，必须要成为一个文案专家，有足够的策略、洞察力和销售意识。

找到独一无二的那个点

赵磊的《成都》因为独特的情怀，一时间红遍大江南北;《人民的名义》因为独特的题材，收视率再创新高;江小白因为独特的情感告白，迅速占领了白酒市场。做任何事情，只有找到那个独一无二的点，就会收获意外的惊喜，文案也是如此。

很多文案撰稿人总是把自己的产品夸耀得无所不能。他们认为越是精美的包装越讨人喜欢。几乎所有产品文案都是"最新技术""至臻享受""颠覆性科技"等用词，这些毫无新鲜感的文字包装已经引发消费者的抗体，再也无法激起消费者的阅读兴趣。

消费者购买产品时，并不想看到那些言过其实的吹嘘，而是想看到我们的产品独一无二的地方。比如消费者购买一床漂亮的被子，他更希望看到的是一个"懂时尚的设计师"在与他对话，而不是"卖弄技术参数的专家"喋喋不休地炫耀产品的科技含量。

写文案，其实不需要人云亦云，最重要的是做自己，做一个最独特的自己。找到属于自己产品的那个独一无二的卖点，然后垂直深挖这一点，把产品的闪光点做到极致，消费者才会看到我们的良苦用心，才会被我们的专注打动。

据专家研究发现，目前比较成功的大众流行产品大致有5种类型：真实型、创新型、实用型、高端型、能量型。我们写文案时，可以从这5方面出发，寻找出自己产品独一无二的卖点。

1. 真实型产品

真实型产品注重的是真诚，这类产品一般是务实型、比较传统的产品。这些产品不追求潮流、刺激或者炫耀，它们更专注于性价比，体现的是普通人的日常生活。一般来说，这些产品为消费者提供的都是基本款，它们更善于用真诚打动消费者。

文案示例：

真诚到永远。（海尔电器文案）

北纬四十度黄金奶源地，不是所有牛奶都叫特仑苏。（特仑苏牛奶文案）

每一刻别悄悄溜走，是柯达留在我身边。这一刻别悄悄溜走，好好珍惜。分享此刻，分享生活。（柯达胶卷文案）

2. 创新型产品

创新型产品比真实型产品的情感要强烈很多。这类产品追求的是刺激感，它们的文案更善于给消费者带来不一样的体验。消费者在读这类文案时，能够明显感觉到产品带来的活力和很多与众不同的特点。

这类产品我们可以细分为以下几种个性特点：

第一，胆大无极限。有些产品的文案往往采用很大胆的用语，旨在引领潮流，给消费者源源不断的新鲜感，从而让消费者变得更加兴奋。

比如社交应用程序陌陌发布的一则文案：

就这样活着吧！

别和陌生人说话，别做新鲜事，继续过平常一点的生活。胆小一点，别好奇，就玩你会的，离冒险远远的。有些事想想就好，没必要改变。待在熟悉的地方，最好待在家里，听一样的音乐，见一样的人，重复同样的话题。心思别太活，梦想要实际，不要什么都尝试，就这样活着吧！

第二，活力四射。很多产品最大的消费群体是年轻人。有时候，消费者购买产品的理由，可能仅仅是因为这款产品很酷。这就意味着产品的文案一定要与这些人群贴合，能够体现出属于年轻人的朝气和活力。

文案示例：

年轻无极限，统一冰红茶。（统一冰红茶文案）

无糖，刺激，极度无忌。（百事可乐文案）

透心凉，心飞扬，释放你的夏日。（雪碧文案）

第三，与众不同。当绝大部分人对一件事情的看法一致时，如果你提出不一样的想法，那么就会迅速得到大量的关注。人们总是喜欢追求最新的事物，与众不同的东西总是能够吸引人们的兴趣。

比如小米手机那句富有想象力的经典文案："为发烧而生。"就让消费者感受到了小米手机的独特之处，从而令消费者折服。再如韩都衣舍的文案："我们都是维新派。"逐渐成为新潮的代表，成为消费者竞相购买的理由。

3. 实用型产品

实用型产品注重的是技术感，它强调使用各种策略体现产品的可靠性，用实打实的技术说明产品的实力。相比于创新型产品，这类产品的文案更趋于务实，能够让消费者在一字一句中体会到设计师们的良苦用心，从而由衷地喜欢上这些产品。

文案示例：

一个工程师双手组合出各种本田产品。（本田汽车文案）

值得信赖的，靠谱，安全。（DHL快递文案）

所有的光芒，都需要时间才能被看到（锤子手机文案）

4. 高端型产品

假如我们的产品属于高档产品，那么我们的消费人群就是中高端人士。这些消费人群喜欢的是高贵、优雅、精致的产品，所以我们的文案就要从这些角度出发，迎合消费者的喜好，将我们的产品打造得更高端。

文案示例：

去征服，所有不服。（途胜汽车文案）

我能经得住多大的诋毁，就能担得起多大的赞美。（诺基亚手机文案）

没有一定高度，不适合如此低调。（万科兰乔圣菲房地产文案）

5. 能量型产品

能量型产品针对的一般是不拘小节、比较强壮的消费者。这些消费者购买产品时注重的不是产品的外表，而是产品的性能。他们追求的是强大的能量、有力的性能，所以能量型产品的文案，要偏向于叙述产品强大的性能，少用一些华丽的辞藻。

文案示例：

一节更比六节强。（南孚电池文案）

一饿就虚了，横扫饥饿，做回自己，士力架，真来劲。（士力架文案）

很多人不喜欢网红，最重要的一个原因就是网红长得都太过相似，没有辨识度。其实，写文案也是如此，之所以老板总是不满意我们写的文案，大部分是因为我们的文案总是相貌平平，没有一个独一无二的卖点。文案就是用文字去表达创意，只有我们找到产品的独特之处，才能让文案变得与众不同。

文案也有自己的节奏

在日常生活中，很多音乐我们往往听一次就喜欢上了它的节奏，然后就开始一直单曲循环播放。除了节奏感强烈的音乐，有些文案也会让我们一见倾心，看一次就很有感觉。这些文案就如同美妙的歌曲，能够给我们带来美妙的节奏感。

其实，一切艺术都有着异曲同工之妙。只要我们给它们加上合适的节奏，就能在一瞬间俘获我们的心。比如这条文案："天才第一步，雀氏纸尿裤。"这就是一句带有节奏感的文案，消费者可以从中体会到节奏感的韵味和趣味。

文案是推销产品的一种工具，它的目的是让消费者产生购买行为。但是在大数据时代，大部分消费者看过很多纷繁复杂的文案，真正能够记住的却没有几个。然而带有节奏的文案有效解决了这个问题。消费者对于这种有辨识度、容易识记的文案记忆非常深刻，因此写出有节奏感的文案是文案撰稿人的必修课。

那么，如何写出带有节奏感的文案呢？接下来给大家一一介绍。

1. 简短的语句

丘吉尔曾经说过："小词动人心。"好的文案不需要大量铺垫，往往只用一句简短的话直奔主题，并且字词间环环相扣，消费者在阅读时能够一直保持阅读兴趣。使用短小精悍的语句，不仅可以让我们的文案简单易懂，而且还能让我们的文案节奏更紧凑，更有韵律感。

比如以下几则文案：

男人不止一面。（七匹狼文案）

热爱我的热爱。（雪佛兰汽车文案）

我的星座是大胆做。（别克汽车文案）

2. 积极向上的语调

一个文案绝对不能给消费者传递负能量，文案的基调一定是积极向上的。一般来说，在文案中使用肯定句式更有鼓动性，很容易让消费者从文案中感受到我们积极向上的态度，从而让我们的产品更加受欢迎。

文案示例：

我们只是老二，我们更努力。（艾维斯二手车文案）

我是你的优乐美。（优乐美奶茶文案）

不管大包小包，能帮我省钱的就是好包。（某超市文案）

3. 结构平整的句式

唐诗宋词之所以能够成为经典，被人们广泛地吟诵传唱，很大程度上是缘于它们平仄的韵律十分优美。比如王勃的《滕王阁序》中有一句："落霞与孤鹜齐飞，秋水共长天一色。"它的对仗相同、结构平整、词性相对，让人读来十分有感觉。很多经典广告采用的就是这种一致的结构，让文字变得更加有力量。

比如某装修设计公司的文案："我笑了，我哭了，我重新装修我的浴室了。"读起来就十分轻快，也很好理解。消费者看完后，很容易对这家装修设计公司产生好感。

再如"步履不停"服装店的一则文案："你穿过绿灯下，我停在红灯前，好像春天心领神会地送走冬天。"这种结构平整的句式，读起来十分舒服，能够带给消费者更好的阅读体验。

4. 优美的押韵

好文案不但要读着舒服，还要听着悦耳。就像韵律丰富的唐诗一样，押韵可以让平淡的文字变得生动有趣。押韵如果用得好，我们就可以把传递的信息自然而然地装进消费者的脑袋。最普遍的押韵方式，也是最好记忆的押韵方式，就是押韵的字都是这句话的最后一个字。

下面举几个比较经典的例子：

明明不懂欣赏，何必用力鼓掌。赤诚相见，何须添加。（统一茗茗是茶文案）

南来或北往，愿为一人下厨房。（应用程序下厨房文案）

钻石恒久远，一颗永流传。（戴比尔斯文案）

5. 有趣的文字游戏

有时候，和消费者玩一些有趣的文字游戏，更能提高消费者的阅读兴趣。只要我们的游戏玩得刚刚好，文案就会有属于自己的味道。比如运用一语双关的语句，能让我们的文字变得更风趣，更好玩一些。

文案示例：

我们有各种款型的运动胸罩以及内衬，就是想让你锻炼曲线的同时仍然展现美好的曲线。（某运动内衣文案）

人类失去联想，世界将会怎样。（联想电脑文案）

美的空调，美的享受。（美的空调文案）

6. 丰富的语感世界

语感是一种对文字比较直接、敏感的感悟能力，它包括节奏、韵律、音调等多个方面。当我们的语感足够强，对文字的把控能力足够好时，我们就可以打破文案写作的条条框框，写出一些别有风趣的句子。

文案大神许舜英的语感就很强，她的文案一般都很长，而且十分有韵味。比如下面这一则：

她觉得这个城市比想象中还要粗暴；她觉得摔飞机的概率远远大于买到一双令人后悔的高跟鞋；她觉得人生的脆弱不及于一枚 A 型流行感

冒病毒；她觉得爱人比不上一张床来得忠实……

　　不安的人们居住在各自的衣服里寻求仅存的保护与慰藉，毕竟在世纪末恶劣的废墟里，衣服会是这个时代最后的美好环境。

　　语感并非一朝一夕就可以拥有的。如果我们的文字功底没有达到一定的水平，那么我们最好不要轻易模仿这些文案大神的文案。培养语感的办法只有不断地通过读写来锻炼语感。久而久之，你就会发现自己的语感慢慢在提升。

　　此外，在写文案时，有一个检验语感的笨方法，就是将你的文案大声地读出来。我们在写完文案时，常常受自己的思维习惯影响，看不出文案中存在的问题，但是如果我们大声地朗读出来，就会发现文案中一些明显不太恰当的地方。

　　广告大师李奥贝纳说过："文案要简单、好记，要让它读起来很有趣，要让人们想看下去。"有节奏感的文案，很容易获得广泛的传播。如果我们能让文案富有韵律，我们就会收到事半功倍的宣传效果。

妙不可言的"重组"

　　如同化学实验，不经过试剂的多种组合，你永远不知道存在多少种实验结果。文案也是如此，不经过反复的重组，你永远不知道文案到底有多精彩。文案就是文字的排列组合。不同的文案，排列方式不同，就会产生不一样的效果。"能工摹形，巧匠窃意。"很多时候文案都是经过不断地组合，不断地尝试之后慢慢磨炼出来的。

　　但文案的重组并不是一堆文字或者资料的简单拼凑，其中也有一定的技巧可言。下面我们就具体介绍几种重组的方法，让我们来一同体验不同元素碰撞后会产生哪些火花。

1. 用文字"移花接木"

中国的汉字博大精深。按照古代六书理论，我国汉字共有六种造字法。在日常生活中，我们也可以效仿古人，利用文字之间的组合，创造出不一样的效果。比如我们随便找两个词：橙子、初恋。这两个词看似没有关系，但如果稍微组合一下，变成"今日橙子，甜过初恋"。这样一来，显然就成了一则优秀的文案。

利用文字之间的奇妙搭配，我们还可以创造出很多的文案创意。首先我们可以制造新的汉字，为消费者呈现新的视觉。方太电器就曾经利用重组汉字，进行了一次成功的推广。

方太利用自身电器的特点，将汉字重组，更加直观地反映出产品的性能。这样的组合不但能够吸引消费者的注意力，而且还能有效刺激消费者的购买欲望。

其次，我们还可以利用夸张手法，将汉字的部分结构重复组合，从而通过文字的画面感，展现产品的魅力。

此外，我们还可以用一些符号代替文字，从而组成一些别有创意的文字。史上被模仿最多的文字创意就是纽约城市的一个口号。它的设计特点就是将单词"love"换成一颗爱心，再把纽约的单词缩写成"NY"，从而方便人们记忆。

2. 用名句和评论"锦上添花"

我们可以将古诗词、谚语拿来组合创作出优秀的文案。很多文案高手就是通过破句或者重组的方法，写出很多创意十足、不落俗套的文案。

比如某汽车文案把诗句"恨不相逢未嫁时"变成"恨不相逢未驾时"。用"驾"重组诗句，传达出消费者不驾车时的"恨"，表达了消费者对产品的喜爱之情。又如才子男装用"煮酒论英雄，才子赢天才"来组合文案，让文案变得更有内涵。

除了古诗词和谚语之外，我们还可以将买家的评论融入文案，用消费者最真实的声音为我们的文案锦上添花。很多化妆品经常在自己的月刊中，附上使用者与品牌之间的故事，利用这些真实而生动的语言，提高产品与消费者之间的黏性。

网易云音乐、江小白，还有豆瓣，都成功地运用买家的高质量反馈，用征集到的买家心声组合成文案，直接放到产品包装或者地铁站上。这些都是最天然、最容易触动消费者的经典文案。

还有很多文案撰稿人将消费者在微博或者微信上的评论截取，放到自己的文案中，从而为自己的文案增添活力。这样既拉近了与消费者之间的距离，还提高了自己品牌的影响力。这种奇妙的重组，给他们带来了双赢的局面。

不过，并不是所有商家都能收集到高质量的用户评论。这些天然的文案资料只适合一些有一定知名度的品牌。对于一些初创企业来说，如果收集不到很好的用户评论，还可以运用一些网络段子或者流行语进行重组。

3. 用视角"妙语生花"

有人说，创意就是学会切换视角，把旧元素重组。我们虽然不能七十二变，但是我们可以通过想象，将自己带入不同的角色中，以不同的视角去创新。

在儿童的世界里，总会有很多的奇思妙想。比如："老师让我们说普通话，但是我又不是普通人，为什么要说普通话？""女孩是妈妈生的，那男孩就是爸爸生的。"儿童的语言充满了创造力和想象力，所以我们可以尝试将儿童的语言融入文案中，就可以写出出人意料的妙语。

文案示例：

等我满3岁了，我就去看长颈鹿。（某儿童英语培训机构文案）

妈妈说，饭前要洗手。（某肥皂文案）

除了儿童视角，我们还可以尝试动物视角，或者诗人、老师、小说家等不同职业的视角。当你把每个人物或者动物的视角列出来时，你就会发现每个视角的出发点各不相同，每个看法都很有趣。

不同的视角就像是一条河流中形态各异的石头，每块石头都拥有不一样的棱角和光泽。写文案就是寻找不一样色彩的游戏，从一开始就充满了无限的可能性，而且这个游戏可以无限制地继续下去。因此，我们尽量用不同的视角来写作文案，用不同的想法组合成妙语，让我们的文案可以生长出多姿多彩的花朵。

重组就是将原有的东西打破，用不同的元素组合成不一样的形态，从而获得新的想法和创意。简单的元素组合，可以诞生出不简单的创意。写文案不是为了展现我们的各种花招，而是为了将我们的招数组合成消费者喜爱的模样。

有时候我们改变不了外部的环境和条件，但是我们可以调整文案本身，用有限的东西重组成不一样的文案，同样可以达到自己预期的效果。比如一名新加坡摄影师就经常将多张主题毫不相关的照片，重组成一个新的创意作品。这样的重组既打破了图片的九宫格模式，又颠覆了照片的呈现方式。

打破固有的结构和思维方式，重组后的文案会带来不一样的创意效果。

讲好你的故事

如果你想卖掉一栋森林别墅，先不要急着在文案中说一些花言巧语，而是应该首先激发消费者对森林的渴望。如果你想激发消费者对森林的渴望，最省力的方法就是给消费者讲一个关于森林的故事。

在文案中，讲好你的故事，是一种好用又有效的与消费者沟通的方式。故事讲得好，消费者的情绪才会被感染，从而引发代入感。用讲故事的方式来介绍我们的产品和品牌，不仅可以省去很多的广告费，还可以让我们的产品快速在市场上脱颖而出。

擅长讲故事是文案撰稿人的一种高级本领，但是这种本领并不是轻易就可以练就的。因为文案不但要适用于各种场景，还要突出产品的品牌特性，从而吸引更多的消费者。这就要求我们不但要讲故事，还要讲好故事，让我们的故事充满煽动力和感染力。

下面为大家介绍几种讲好故事的思路和方法。

1. 明确消费者人群

在文案中讲故事是为了将我们的产品传播出去，所以在讲故事之前，我们首先要明确我们的目标消费者是谁，也就是我们的故事到底是讲给谁听的。只有我们明确了目标消费者，我们才可以找到消费者可以理解并且能够接受的讲故事的方式。

当我们明确目标消费者之后，我们就可以通过故事来塑造属于我们的品牌风格，甚至走出与其他品牌与众不同的路线。当我们建立自己的品牌风格后，我们的目标消费者一看到这种风格，就会马上联想到我们的产品。

用白酒来举例说明，几乎所有的白酒品牌塑造的形象都是"历史悠久""皇家专供"等，白酒的品牌也因为这些形象被贴上中老年人的标签，严重缺乏年轻时尚的格调。江小白看到了这一点，于是根据年轻人的消费需求，提出了"我是江小白，生活很简单"的品牌理念。

江小白一没有依靠名人，二没有使用品牌历史，而是用每句富含故事的文案来打动人心，用这种特立独行的方式走进了年轻消费者的内心，从而在白酒市场上创造了一个另类的营销奇迹。

2. 塑造品牌核心

文案界从来不缺乏故事，并且不管文艺型、励志型，还是创业型、梦想型故事，我们都能轻而易举地找到。在种类繁多的故事中，要想让我们的故事博人眼球，我们就不能用同样的套路去讲故事。

我们要学会运用不同的方法，写出不同调性的故事。但是不管故事的品类是哪种，都不能脱离品牌的核心。简单来说，我们的故事自始至终都要围绕消费者的需求来讲，因为品牌是服务消费者的。

比如维吉达尼农产品的文案就讲了很多关于农户的故事。它用"小白杏两千多年来的坚守等待""这只蜜蜂不简单""小幸运，一杏两吃，一举两得"等文案，将自己打造成一个有情怀、有温度的品牌，从而迅速在市场中提升了自己的知名度。

3. 突出品牌特性

讲故事是为了让消费者喜欢上我们的产品，这就要求我们的故事一定要与其他品牌区别开来，能够突出我们的品牌定位。这样，消费者在货比三家时，才能选择购买我们的产品。

如果我们的产品走的是高端路线，那么我们就不要用大众化套路去讲故事。比如我们熟知的一些高端品牌——路易威登、香奈儿等，都是利用其悠久的历史，为消费者讲述一些有品质感的故事。

如果我们的产品走的是中低端路线，那么我们就不要费心费力地凹造型，去讲一些虚假的内涵或者有深度的故事。每个品牌故事都有自己的讲法，虽然小名牌没有久远的历史可以追溯，但是依旧可以讲出有特性的品牌故事。

比如被称为"励志橙"的褚橙，就是以褚时健的传奇人生为切入点，为消费者讲述了一个励志故事。很多消费者都是因为被这个故事打动，才选择购买褚橙。不仅如此，褚橙的故事广泛流传后，很多知名人士都纷纷转发微博为褚橙捧场。褚橙这个品牌因为自己的励志故事而大放异彩，一时间在市场走红。

4.细节化 + 趣味性

故事我们每个人都会讲，并且从小就会讲，比如旅游、看电影、看书等，都可以成为我们的故事。但是，为什么有的人讲的故事总是平淡无奇，而有的人讲的故事却跌宕起伏呢？

第一，故事要细节化。细节是抓住消费者的有力工具，在细节上下功夫，更容易提高消费者的阅读兴趣。假如我们要突出一款双人床没有震感的卖点，如果我们这样写：

这张双人床没有震感，晚上完全不会被对方起床影响到，不管对方起床动作多大，依然可以安睡。

虽然这样的故事没有什么问题，但是很难带动消费者的情绪，让消费者进入情境，产生共鸣。

如果我们换一种写法：

老公平时应酬多，经常因为喝多了半夜去好多次厕所。每次起床老公都心疼老婆也很辛苦，从而蹑手蹑脚，而老婆面对辛苦养家的老公，也不忍心老公上厕所都要蹑手蹑脚。这款没有震感的床及时解救了这对夫妻，让爱不再蹑手蹑脚，让心可以自然如初。

第二种讲述故事的文案，通过描述故事的细节，引导消费者走进故事情境之中，更有代入感，显然比第一种留给消费者的印象要深刻很多。

此外，讲故事不仅要有细节的刻画，还要有趣味性。作为商业文案，只有把故事讲得很有趣味，才能够吸引消费者，给消费者留下深刻的印象。

文案示例：

A：很多时候都感觉自己很孤单。

B：有什么具体的表现吗？

A：喜欢自问自答。

（某社交应用程序文案）

想要推销产品，就要提高产品品牌的知名度，而提高知名度就需要文案来助阵。而文案就像电影、小说一样，要想受到消费者的追捧，就要讲好自己的品牌故事。故事讲得好，才有人愿意买单。